ファイナンス・ライブラリー 3

リスク計量とプライシング

家田 明 著

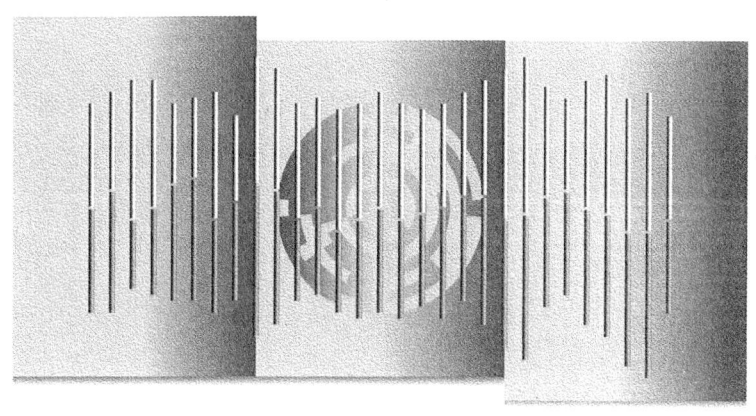

朝倉書店

はしがき

　本書は，金融派生商品を含む金融商品のリスク管理とプライシングにおける技術に関する参考書である．現在，わが国の金融機関は，バブル時の負の遺産である不良債権の処理を進めつつ，新たな金融商品への開発を鋭意行い，そうした商品のプライシングやリスク管理に関する新たな技術の蓄積も進めてきている．本書は，実際に金融機関でこうした業務に携わっている人やあるいはこれから携わろうとしている人のみならず，プライシングやリスク管理の技術に興味をもつ社会人や学生などの幅広い読者を対象としている．

　本書の内容のうちかなりの部分は，筆者が日本銀行金融研究所で手がけた金融工学に関連する研究をベースとしており，それらの原論文（公表論文）については，関係各章の冒頭に記してある．このうち，いくつかの論文は共著論文であり，それらを本書の作成に利用することをご快諾下さった大庭寿和氏（みずほフィナンシャルグループ・日本興業銀行統合リスク管理部），吉羽要直氏（日本銀行金融研究所），丸茂幸平氏（同）に御礼申し上げる．しかし，本書における見解は，あくまでも筆者のものであり，筆者が勤務する日本銀行あるいは金融研究所の見解ではないことをあらかじめお断りしておきたい．

　本書は，6つの章から構成され，大きくは2部に分けることができる．まず，第1〜4章では，金融機関のリスク管理技術について，信用リスクとか株価リスクといったリスク・ファクターごとの管理手法の具体例を解説する．次に，第5〜6章では，金融商品のプライシングで用いられる数値計算技術のいくつかを解説する．

　まず，金融機関のリスク管理技術については，第1章で，銀行が保有する政策保有株式のリスク管理の具体例を示し，第2章では，信用リスクの比較的簡便な計算手法の一例を提示する．第3章では銀行勘定の金利リスク管理，また

第4章ではオプション商品の非線形リスクの管理について具体例を解説する．次に，金融商品のプライシングで用いられる数値計算技術の中から，第5章でモンテカルロ法を，第6章で有限差分法をとりあげ，オプション商品の具体的なプライシングを行う．

　本書の執筆に当たっては，多くの方々のお世話になった．まず，本書の執筆は，筆者が勤務する日本銀行金融研究所の客員研究員でおられる慶應義塾大学総合政策学部の森平爽一郎教授の勧めにより実現したものである．また，日本銀行金融研究所の翁邦雄所長からは本書の執筆に当たり暖かい励ましの言葉を頂戴した．さらに，本書のベースとなった研究は，日本銀行金融研究所の同僚との議論が大いに役立っている．出版については，朝倉書店編集部の方々に大変お世話になった．心より御礼を申し上げたい．

2001年5月

家　田　　明

目　　次

1. 政策保有株式のリスク管理 …………………………………………1
   1.1 政策保有株式が銀行経営に与えるインパクト ………………2
      1.1.1 企業価値や会計上の損益に与えるインパクト ………3
      1.1.2 BIS自己資本比率に与えるインパクト …………………6
      1.1.3 インプリケーション ………………………………………9
   1.2 株価変動リスクと信用リスクの連関性 ………………………10
      1.2.1 オプション・アプローチによる期待倒産確率 ………11
      1.2.2 社債スプレッド ……………………………………………14
      1.2.3 使用データ …………………………………………………14
      1.2.4 期待倒産確率と社債スプレッドに関する分析 ………15
   1.3 株価変動に対する感応度に注目したリスク管理手法 ………16
      1.3.1 感応度の把握・管理 ………………………………………16
      1.3.2 管理対象とする資産および感応度 ……………………18
      1.3.3 デルタ・ベガの算出 ………………………………………19
      1.3.4 デルタ・ベガを利用したリスク管理 …………………21
   まとめ ………………………………………………………………………26
   1.A 補論：国内既発普通社債のLiborスプレッドの分析 ………27
      1.A.1 スプレッド計算手法と使用データ ……………………27
      1.A.2 スプレッド算出と分析 …………………………………28
   参考文献 ……………………………………………………………………35

2. 与信ポートフォリオの信用リスクの計測手法 …………………38
   2.1 ポートフォリオの信用リスクの管理・計量の枠組み ………38

2.1.1　ポートフォリオの信用リスクの管理の枠組み …………………38
　　2.1.2　信用リスクの計量手法の具体的な内容 ………………………40
　2.2　信用リスクの簡便な計量手法の枠組み ……………………………57
　　2.2.1　標準偏差ベースでのリスク計量アプローチ …………………57
　　2.2.2　最大損失額の簡便な計量手法（標準偏差による近似）………60
　2.3　シミュレーションと考察 ……………………………………………62
　　2.3.1　シミュレーション手法の解説 …………………………………62
　　2.3.2　シミュレーション結果および考察 ……………………………66
　ま　と　め ……………………………………………………………………72
　参　考　文　献 ………………………………………………………………72

3. 銀行勘定の金利リスクの簡便な把握手法 ……………………………**74**
　3.1　銀行勘定の金利リスク把握手法 ……………………………………75
　　3.1.1　マチュリティ・ラダー法 ………………………………………75
　　3.1.2　デュレーション法 ………………………………………………75
　　3.1.3　ベーシス・ポイント・バリュー法（BPV法）………………76
　　3.1.4　バリュー・アット・リスク法（VaR法）……………………77
　　3.1.5　アーニング・アット・リスク法（EaR法）…………………78
　3.2　銀行勘定の金利リスク把握のための簡便な手法 …………………78
　　3.2.1　基本的な考え方 …………………………………………………78
　　3.2.2　分析上必要なマチュリティ・ラダー表の具体的イメージ ………79
　　3.2.3　マチュリティ・ラダー展開上の問題点 ………………………80
　　3.2.4　具体的なリスク量把握手法の検討 ……………………………81
　3.3　具体的な金利リスク計算例 …………………………………………85
　　3.3.1　キャッシュフロー展開 …………………………………………86
　　3.3.2　デュレーション法の場合 ………………………………………86
　　3.3.3　BPV法の場合 …………………………………………………88
　　3.3.4　VaR法（マトリックス法）の場合 ……………………………91
　ま　と　め ……………………………………………………………………91
　参　考　文　献 ………………………………………………………………92

4. オプション商品の非線形リスクの計量化 ……93
4.1 具体的なリスク量計算 ……94
4.1.1 仮想ポートフォリオの内容 ……94
4.1.2 シナリオ分析法による計算 ……94
4.1.3 グリーク・レター法による計算 ……95
4.1.4 線形リスクとの比較 ……97
4.2 若干の考察 ……97
まとめ ……99

5. モンテカルロ法によるオプション商品のプライシング ……101
5.1 モンテカルロ法の基本的な概念・手法 ……102
5.1.1 モンテカルロ法の適用対象となる問題 ……102
5.1.2 一様乱数 ……103
5.1.3 一様乱数から正規分布に従う乱数への変換 ……104
5.1.4 モンテカルロ法によるオプション商品のプライシングの基本手法 ……106
5.1.5 モンテカルロ法の精度 ……108
5.1.6 精度を高めるための一般的手法 ……108
5.2 モンテカルロ法による各種オプションのプライシング ……113
5.2.1 ヨーロピアン・オプションのプライシング ……113
5.2.2 ルックバック・オプションのプライシング ……115
5.2.3 アベレージ・オプションのプライシング ……118
5.A 補論1:準乱数 (low discrepancy sequence) の定義とモンテカルロ積分 ……121
5.A.1 low discrepancy sequence の定義 ……121
5.A.2 モンテカルロ積分の誤差 ……122
5.B 補論2:Sobol sequence の生成手続き ……123
5.C 補論3:Sobol sequence の生成プログラム (Visual Basic) ……126
参考文献 ……135

6. 有限差分法を用いたオプション価格の数値計算手法 ……………136
- 6.1 有限差分法の概要とヨーロピアン・コールのプライシング ………137
  - 6.1.1 ヨーロピアン・コールが満たす偏微分方程式 ……………137
  - 6.1.2 有限差分法の拡散方程式への適用 ………………………138
  - 6.1.3 有限差分法に関するいくつかの論点 ……………………143
  - 6.1.4 具体的な計算アルゴリズム例と計算事例 ………………147
- 6.2 有限差分法を用いたアメリカン・プットのプライシング …………151
  - 6.2.1 アメリカン・プットの制約条件 …………………………151
  - 6.2.2 アメリカン・プットのプライシング手法 ………………154
  - 6.2.3 アメリカン・プットのプライシング事例 ………………157
- 6.A 補論1：ブラック・ショールズ方程式の導出 …………………159
- 6.B 補論2：ブラック・ショールズ方程式の拡散方程式への変換と解析解の導出 ……………161
  - 6.B.1 拡散方程式への変換 ……………………………………161
  - 6.B.2 解析解の導出 ……………………………………………162
- 6.C 補論3：LU分解 …………………………………………………163
- 6.D 補論4：SOR法 ……………………………………………………165

参 考 文 献 ……………………………………………………………166

索　　引 ………………………………………………………………168

1
政策保有株式のリスク管理

　これまで，銀行の政策保有株式の価格変動リスクは，銀行実務家の間では，その存在自体は認識されていた．しかし，① 従来より株式の保有動機が取引先との関係維持を目的とした政策的なものであったこと，② 1980年代後半までの極めて高い投資収益率は潤沢な含み益を生み出し，結果として株式の保有は財務上の観点からも安定的経営の重要な前提となっていたこと，③ 株式を保有したままリスク・ヘッジを行おうにも，事実上ヘッジ・ツールが限定的であったこと（あること），などから株価変動リスクを管理し，かつそれをコントロールするという点になると，実際にはなかなか手がつけられてこなかったというのが実情であろう．こうした中で，わが国でも金融商品の時価会計導入の動きが進んだことにともない，銀行の政策保有株式の大半を占める部分にも2001年4月以降の決算から時価評価が行われることとなった．この結果，政策保有株式の価格変動が銀行の財務諸表などに直接影響を与えることとなったため，最近は多くの銀行で，政策保有株を徐々に売切り，ポートフォリオから外してしまうという動きが強まっているように窺われる．しかし，売却するとはいっても，邦銀が保有する政策株式ポートフォリオの規模や市場で短期間で売却できる量に一定の制限があるという市場流動性を考え合わせると，その大半を市場で売却するにはかなりの時日を要するとみられることから，現時点で，政策保有株式の価格変動リスクを計量・コントロールするための手法や体制を構築することが銀行経営上の極めて重要な課題の1つとなっていると考

(注) 本章は以下の論文がベースとなっている．
　　家田　明，大庭寿和：銀行の政策保有株式のリスク管理について．金融研究，**17**，5，日本銀行金融研究所，1998年11月．
　　家田　明，大庭寿和：国内普通社債の流通市場におけるLiborスプレッドの最近の動向．ディスカッション・ペーパー，98-J-10，日本銀行金融研究所，1998年7月．

えられる．

　本章では，このような問題意識から出発して，政策保有株式の株価変動リスクに関する具体的な管理手法を検討する．その際に特に着目するのは，株価変動リスクと信用リスクをどのように組み合わせて管理していくかという点である．すなわち銀行は，取引先の株式を政策的に保有する一方で取引先に与信を行うという行動を長年にわたり継続させている．しかし，取引先の株式の価格変動リスクと取引先自体の信用リスクは正の連関を有しており，いずれも景気低迷局面で顕現化する傾向をもつという意味でも，リスクの源泉は共通であると考えることができる．このため，銀行経営の観点からは，信用リスクと株価変動リスクを別々に把握・管理するよりも，株式保有も含めた各企業との取引をリスク量や採算性などの点から統合的にとらえ，取引政策自体を考えていくことが必要となってきていると考えられる．

　本章の構成は以下の通りである．まず政策保有株式のリスク管理がなぜ重要かということを示すために，1.1 節で大手行のディスクロージャー情報を基に，そのリスク量などを計量化し，実際に銀行経営に与えているインパクトを提示する．次に，1.2 節では政策保有株式と貸出における株価変動リスクと信用リスクの高い連関性を，実証分析により明らかにする．そして 1.3 節では前節で示した関係を用いて政策保有株式と貸出から構成されるポートフォリオのリスクについてその具体的な管理手法を提示する．最後に本章の内容を簡単にまとめる．また，補論で，本章の分析対象期間のデータを用いて，社債のスプレッドである Libor スプレッドの動向の簡単な分析を行う．

1.1　政策保有株式が銀行経営に与えるインパクト

　本節では，銀行（都銀と長信銀[*1]）の政策保有株式について，各行のディスクロージャー情報を基に，そのリスク量などを計量化し，実際に銀行経営に与えているインパクトを提示する．具体的には，① 企業価値や会計上の期間損益へのインパクト，② BIS 自己資本比率へのインパクトを各々検討する．

[*1] 北海道拓殖銀行，日本長期信用銀行および日本債券信用銀行は対象から除外した．また東京三菱銀行に関する合併前の時点での指標算出は三菱銀行と東京銀行の財務指標を単純合算して行った．

まず,期初に半期後(6か月後)のリスク量などを測定すると仮定する.以下の定式化では,期間の長さを t,前期末簿価を K,前期末時価を S_0,期末時価を S_t,株価収益率を r_E,株価のボラティリティを σ_E とする.このとき (1.1) 式が成り立つものとする.

$$S_t = S_0 \exp\left\{\left(r_E - \frac{\sigma_E^2}{2}\right)t + \sigma_E \sqrt{t}\varepsilon\right\}, \quad \text{ただし } \varepsilon \sim N(0,1) \quad (1.1)$$

各行のディスクロージャー誌からは,株式ポートフォリオの銘柄構成や金額の詳細まではわからない.したがって単純化のため,各行のポートフォリオともTOPIXのインデックス構成に等しいと仮定する.この点,一般的に都銀や長信銀の株式ポートフォリオは,株式を取引所に上場させている大・中堅企業との貸出などの取引を通じた株式持合いによって形成されていることから,TOPIXのインデックス構成に等しいとみなすことは近似としては妥当性があると考えられる.

株式償却にかかるリスク量の増大を示すために,① バブル崩壊後の不良債権処理が本格化し始めた時期である92年3月末,および少し古いデータではあるが② 有価証券の評価で原価法の選択採用が認められる前の97年3月末の2時点[*2]で,各種指標を算出し比較を行う.

1.1.1 企業価値や会計上の損益に与えるインパクト

a. バリュー・アット・リスク(VaR)

まず企業価値へのインパクトをみるために,ここではVaR(保有期間 $t=$ 半年,99%タイル)を (1.2) 式(分散・共分散法)から計算する.ただし,σ_{TOPIX} はTOPIXの日次ボラティリティである(評価時点から過去2年分のデータから算出).

$$VaR = 2.33 \cdot \sigma_{\text{TOPIX}} \sqrt{t} S_t \qquad (1.2)$$

この結果を表1.1に示した.これによれば,VaR(各行平均)は,ボラティリティの低下から92年3月末の11千億円から97年3月末は8千億円へ減

[*2] 2000年時点で,都銀や長信銀のほとんどが原価法を採用している.

表 1.1 VaR（単位：億円）

	92年3月末		97年3月末	
	VaR	対含み益	VaR	対含み益
A銀行	5715	93.2%	3826	340.7%
B銀行	12085	129.3%	8375	249.8%
C銀行	9054	98.4%	6502	128.9%
D銀行	12059	104.4%	8770	137.4%
E銀行	18389	101.7%	12519	80.0%
F銀行	15471	94.5%	10216	150.7%
G銀行	13677	80.5%	7481	229.8%
H銀行	13250	98.6%	8594	114.3%
I銀行	7884	83.3%	5676	167.5%
J銀行	11489	106.3%	8196	125.1%
平均	11907	98.1%	8016	135.8%

少している[*3]．その一方で，VaR の対株式含み益比率は，不良債権処理にともなう株式含み益の吐き出しによる簿価水準の上昇[*4]を背景に，92年3月末の98%から97年3月末は135%へ増加している．

個別にみると，VaR の対株式含み益比率（97年3月末）は，A銀行（340%）が特に高い水準となっており，それまでの過去数年間の含み益減少のインパクトが他行に比べて大きいことが窺える．なお，株式含み益がVaRを上回る先は，E銀行（80%）のみである．

b．株式償却額の期待値

以下では，期末（6か月後）に発生すると見込まれる株式償却額——償却額の期待値（expected write-off（以下 EW））——を求める．ここで，償却は，株式の期末時価が前期末簿価を下回った場合にその差額を損失として計上することである．したがって，期末付近の時価が前期末簿価に接近している場合には，期末に償却が発生する可能性が高くなる．さて，こうした償却の仕組みを踏まえると，株式償却額の期待値は，前期末簿価 K を行使価格とするプット・オプションの将来価値として (1.3) 式によって計算することができる[*5]．

[*3] TOPIX の収益率の日次ボラティリティは，92年3月末時点で1.39%，97年3月末時点で0.94%．
[*4] 平均簿価は，92年3月末20千億円（時価32千億円），97年3月末26千億円（時価32千億円）．
[*5] 期待償却額の計算で，期待収益率 r_E と無リスク金利 r のいずれかを用いるかは議論が分かれるところではあろうが，ここでは無リスク金利 r（=1%と仮定）を用いた．

表1.2 償却額期待値（単位：億円）

	92年3月末		97年3月末	
	期待値	対含み益	期待値	対含み益
A銀行	0	0.0%	204	18.2%
B銀行	25	0.3%	268	8.0%
C銀行	1	0.0%	18	0.4%
D銀行	3	0.0%	36	0.6%
E銀行	4	0.0%	0	0.0%
F銀行	1	0.0%	67	1.0%
G銀行	0	0.0%	200	6.1%
H銀行	2	0.0%	11	0.1%
I銀行	0	0.0%	58	1.7%
J銀行	4	0.0%	19	0.3%
平均	4	0.0%	89	1.5%

$$EW = \int_{-\infty}^{\infty} max(K - S_t, 0) f(S_t) dS_t$$
$$= K\Phi(-d + \sigma\sqrt{t}) - S_0 e^{rt} \Phi(-d) \tag{1.3}$$

ここで，$d = \{\ln(S_0/K) + (r + \sigma_E^2/2)t\}/\sigma\sqrt{t}$，$f$ は対数正規分布の確率密度関数，Φ は標準正規分布の累積密度関数である．

計算の結果は表1.2である[*6]．償却額の期待値（各行平均）は，92年3月末では対株式含み益比率で0.0%とごく僅少であったが，簿価水準の上昇を背景に，97年3月末では1.5%にまで増加した（金額ベースでは，92年3月末の20倍強となった）．

個別にみると，償却額の期待値の対株式含み益比率は，a．のVaRの場合と同様，A銀行（18%）が高水準である．

c．99%タイル株式償却額

次に，株式の99%タイル償却額を求める．その結果が表1.3である．99%タイル償却額の金額（各行平均）は，92年3月末時点では僅少（対株式含み益比率3%）であったが，97年3月末は41%にまで増加した．金額ベースで

[*6] 期待値の計算に当たっては，上述したように各行のポートフォリオ構成をTOPIXのインデックス構成に等しいとみなした上，TOPIXのみを確率変数としている．しかし，実際にはインデックスが上昇していても，個別には価格が下落している株式もあるのが通常であるため，ここでの償却額期待値は低目に見積もられている．

表1.3 99%タイル償却額（単位：億円）

	92年3月末		97年3月末	
	99%タイル	対含み益	99%タイル	対含み益
A銀行	0	0.0%	2703	240.7%
B銀行	2736	29.3%	5022	149.8%
C銀行	0	0.0%	1458	28.9%
D銀行	511	4.4%	2386	37.4%
E銀行	308	1.7%	0	0.0%
F銀行	0	0.0%	3435	50.7%
G銀行	0	0.0%	4226	129.8%
H銀行	0	0.0%	1073	14.3%
I銀行	0	0.0%	2288	67.5%
J銀行	677	6.3%	1642	25.1%
平均	423	3.5%	2423	41.0%

みると，E銀行を除き各先とも数千億円の規模となっており，これまでの簿価水準の上昇が，結果的に収益構造を弱めることに繋がったことになる．

1.1.2 BIS自己資本比率に与えるインパクト

ここでは，政策保有株式がBIS自己資本比率（以下，BIS比率）に与えるインパクトを示す．政策保有株式の含み益は，BIS規制上の自己資本のTier II に「有価証券含み益の45%」という形態で算入される[*7]（ただし，Tier II に算入できるのはTier I と同額までである）．したがって，期末の株価水準の不確実性は，BIS比率自体の不確実性に繋がっている．

期末のTier II に算入される株式含み益（URG）は（1.4）式で求められる．ただし，UL は株式含み益の算入上限である．

$$\begin{aligned}URG &= min(S_t - K, UL) \\ &= UL - max(UL - (S_t - K), 0)\end{aligned} \quad (1.4)$$

（1.4）式の第2項は原資産価格を期末時価（S_t），行使価格を算入上限と前期末簿価の和（$UL + K$）とするプット・オプション（のショート）であるので，URGの期待値は同オプションの価値を求めることによって得られる．

[*7] 現在は低価法を採用している場合がその対象となる．原価法が採用されている場合には，含み益のTier II への算入はできない．

表 1.4 期待 BIS 比率と 99%タイル BIS 比率（92 年 3 月末）

	92 年 3 月末 BIS 比率	期待 BIS 比率 (6 か月後)	差	99%タイル BIS 比率 (6 か月後)	差
A 銀行	8.28%	9.61%	+1.33%	6.38%	△1.90%
B 銀行	8.04%	9.17%	+1.12%	6.37%	△1.67%
C 銀行	8.39%	9.23%	+0.84%	6.79%	△1.60%
D 銀行	8.10%	9.47%	+1.37%	6.71%	△1.40%
E 銀行	8.18%	9.12%	+0.94%	6.82%	△1.35%
F 銀行	7.93%	8.85%	+0.92%	6.34%	△1.59%
G 銀行	8.33%	9.28%	+0.94%	6.45%	△1.88%
H 銀行	8.25%	9.62%	+1.37%	6.87%	△1.38%
I 銀行	8.30%	9.92%	+1.62%	6.71%	△1.59%
J 銀行	8.43%	9.74%	+1.31%	7.20%	△1.24%
平均	8.22%	9.40%	+1.18%	6.66%	△1.56%

表 1.5 期待 BIS 比率と 99%タイル BIS 比率（97 年 3 月末）

	97 年 3 月末 BIS 比率	期待 BIS 比率 (6 か月後)	差	99%タイル BIS 比率 (6 か月後)	差
A 銀行	9.02%	8.82%	△0.20%	5.04%	△3.99%
B 銀行	9.23%	9.24%	+0.01%	7.12%	△2.10%
C 銀行	9.09%	9.03%	△0.06%	7.73%	△1.36%
D 銀行	9.11%	9.05%	△0.06%	7.93%	△1.18%
E 銀行	9.28%	9.87%	+0.58%	8.35%	△0.93%
F 銀行	8.93%	8.85%	△0.08%	7.26%	△1.67%
G 銀行	9.04%	9.19%	+0.15%	7.00%	△2.05%
H 銀行	8.76%	8.74%	△0.02%	7.98%	△0.78%
I 銀行	8.70%	8.69%	△0.01%	6.80%	△1.90%
J 銀行	8.75%	8.90%	+0.15%	7.71%	△1.04%
平均	8.99%	9.04%	+0.05%	7.29%	△1.70%

これらによって，6 か月後の期末 BIS 比率の (1) 期待値と (2) 99%タイルを求めることができる．この結果が表 1.4 と 1.5 である．

なお，以下の試算[*8)]に当たっては，株式関連以外の条件は前期末比不変とした．つまり，Tier I に関しては株式の償却額のみが，Tier II に関しては株式含み益の変化のみが各々影響すると仮定した．さらにリスク・アセットも不変とした．

[*8)] 税金は勘案していない．

表 1.6 Tier I と Tier II の水準変化平均（各行平均，億円）

	92年3月末	97年3月末	増減額
Tier I	18579	16689	△1890
Tier II	11826	16028	+4202
有証含み益×0.45	5518	3120	△2398
負債性資本調達手段	4554	11734	+7180
I−II	6753	661	△6092

これらをみると，次のような特徴があることがわかる．

(1) 期末 BIS 比率の期待値

期末 BIS 比率の期待値は，92年3月末では各先ともおおむね+1%ポイント程度の上昇となるのに対し，97年3月末は+0.58%ポイントの上昇となる E 銀行から△0.20%ポイントの低下となる A 銀行まで，全体的に上昇幅が縮小する中で，各行区々の結果となった[*9]．

92年3月末に比べ全体的に上昇幅が減少したのは，Tier I の減少と Tier II の増加による Tier I と Tier II の水準接近にともない，Tier II への株式含み益の算入上限（UL）が低下したこと，および簿価（K）の上昇によって，(1.4) 式第2項のプット・オプション（のショート）の価値が減少したことが主たる背景であると考えられる．

実際，Tier I と Tier II の各行平均をみると，両者の差額は92年3月末には6700億円程度あったが，Tier II の内訳項目である「負債性資本調達手段」（具体的には劣後債などが含まれる）が増加をみているため，97年3月末には600億円強と10分の1以下の水準にまで減少している（表1.6）．

なお，(1.4) 式によれば，期末の Tier II に算入される株式含み益（URG）の期待値は，UL を所与とすると，$S_t - K$ が UL より大きい（≒K（前期末簿価）が十分小さい）場合に，大きいことになる．

(2) 99%タイル期末 BIS 比率

99%タイル期末 BIS 比率は，92年3月末では，各先ともおおむね+1.5%ポイント程度の低下となるのに対し，97年3月末では，低下幅に格差が発生

[*9] 97年3月末のリスク・アセット（各行平均）は約348千億円であるので，リスク・アセットを不変のまま BIS ベースの自己資本比率を1%ポイント上昇させるには，約3500億円の自己資本の増強が必要である．

している（低下幅の最低は H 銀行の△0.78％ポイント，最大は A 銀行の△3.99％ポイント）．

97年3月末では，A 銀行（BIS 比率 5.04％）の BIS 比率が 5％台にまで低下するほか，その他の銀行でも 8％以上を維持するのは E 銀行（同 8.35％）のみとなった．

このように 99％タイル期末 BIS 比率に格差が発生したのは，各行の償却額の対含み益比率に格差が生じたことによるものである．すなわち，償却額が大きくなると Tier I の大きな減少をもたらし，さらにはそれが Tier II の上限（Tier II に算入できるのは Tier I と同額まで）を引き下げることになるため，BIS 比率の大きな低下に繋がるのである．

1.1.3 インプリケーション

銀行の政策保有株式は，株価が右肩上がりの成長を継続するとの前提のもとでは，株式含み益の存在を通じて銀行経営に一定のプラス効果を与えてきたということができるかもしれない．リスク管理の観点からも，簿価が低く，また株価が右肩上がりの成長を続けていた頃は，決算などに与えるリスクにはそれほど気を配る必要がそもそもないと割り切ることができた．しかし，これまでみてきたように，株価の低迷や度重なる益出しにともなう簿価水準の上昇を背景に，政策保有株式の存在によって，会計上の損益，企業価値，BIS 自己資本比率といった経営指標に大きなマイナスの影響を与えるリスクが高まっている状況にあることが，97年3月末時点というやや古いデータからではあるが，確認できた．有価証券の評価で原価法が選択できるようになっているうちは，表面上は，株価変動が与える銀行の財務指標への影響は限定されているようにみえるかもしれない．しかし，2001年4月以降の決算から政策株式でも時価評価が行われることとなると，そのポートフォリオの規模に鑑みれば，株価変動が銀行の財務指標に与える影響は甚大となる可能性があると思われる．

こうした観点からは，銀行経営では，政策保有株式の株価変動リスク量を把握した上で，それにどのように対応するのかを決定していくというプロセス，すなわちリスク管理が必要となっているといわざるを得ない．さらには，政策保有株式にかかるリスクの存在によって，銀行経営では，文献 7）のように

「"経営哲学——株式保有の意義——"の再考が今まさに迫られている」と言うことも可能である．

1.2 株価変動リスクと信用リスクの連関性

1.1節では，政策保有株式の株価変動リスクが銀行経営に与えているインパクトを論じたが，銀行は取引先の株式を政策的に保有する一方で貸出を行うという行動を長年にわたって継続させており，貸出の信用リスクの大きさも同様に無視できないものである．ここでは，政策保有株式と貸出のリスクを包括的に管理するために必要な，株価変動リスクと信用リスクの連関性を検討する．

両者の高い連関性は株価指数と倒産確率の相関係数などより概観することができるが，本節では株価変動リスクと信用リスクを表す指標として，株価情報から算出した倒産確率と社債の価格情報から算出したスプレッドに焦点を当てる．具体的には，図1.1で示すように，まず①「オプション・アプローチによる期待倒産確率（expected default probability，以下EDP）」を定義し，EDPは株価情報（株価 S，収益率 r_E，ボラティリティ σ_E）の関数であると考える（(1.5) 式）．さらに，② 社債のLiborスプレッド（以下LS）を用いて[*10]，

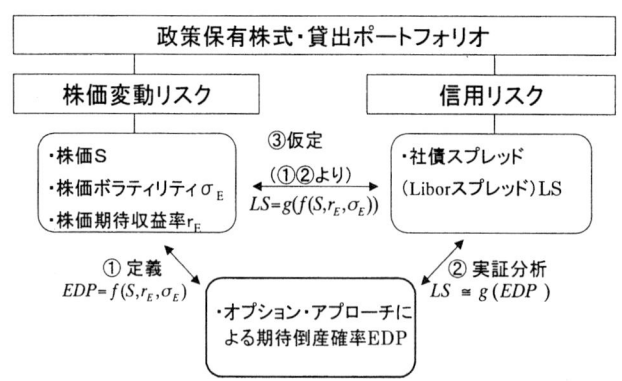

図1.1 株価変動リスクと信用リスクの関連性の考え方

[*10] Liborは銀行間の資金取引金利であるため，無リスク金利に当該銀行の信用リスクに見合うスプレッドが上乗せされている．したがって，社債の信用リスクをスプレッドという切り口でとらえようとする場合には，無リスク金利からのスプレッド，つまり国債対比のスプレッドを用いる

LS と EDP の関係を実際の株価および社債価格によって求める（(1.6)式）．そして①②の結果として，③ LS が株価情報の関数であることを仮定する（(1.7) 式）．

$$EDP = f(S, r_E, \sigma_E) \quad \cdots\cdots 定義 \qquad (1.5)$$

$$LS \cong g(EDP) \quad \cdots\cdots\cdots 実証分析 \qquad (1.6)$$

$$LS = g(f(S, r_E, \sigma_E)) \quad \cdots\cdots 仮定 \qquad (1.7)$$

1.2.1 オプション・アプローチによる期待倒産確率

「オプション・アプローチによる期待倒産確率」とは，企業はその資産価値が負債価値を下回ったときに倒産するとみなし，「企業資産を原資産とし，負債価値を行使価格とするプット・オプションにおいてイン・ザ・マネー (ITM) となる確率」と定義される[*11]．こうした期待倒産確率の計算手法の一つとして KMV モデルが有名であり，その考え方は文献 5) などに示されているほか，その問題点や計測時のパラメータの推定方法は文献 2) で論じられている．また文献 1) は，近年の邦銀の EDP を算出し分析を加えることによって，EDP が企業の経営状況を示す指標として十分有用であることを示している．

ここでは，EDP 算出には文献 6) の方式を用い，パラメータの推定方法は基本的に文献 1) で示されている方法を踏襲した．その概要は次の通りである．

（1） 前提となる考え方

時点 t の企業の時価ベースのバランスシートは，資産 A_t，1 種類の固定金利負債 B_t，および株主資本 E_t から構成される（現時点は時間 0，満期時点は時間 T）．

方が本来望ましいと考えられる．しかし，わが国の国債の場合は銘柄属性によるイールドカーブの歪みが存在することから，あえて Libor スプレッドを用いることとした．

[*11] オプション・アプローチは，社債評価を行うための理論として展開されてきた．文献 6) は，1970 年代前半に，「社債は企業資産に対する条件付請求権である」として，金利一定の条件の下で社債評価を行うための理論を展開した（いわゆるマートン・モデル）．

$$A_t = B_t + E_t \quad (t=0,\cdots,T) \tag{1.8}$$

ここで資産 A_t は次のような確率過程 ($\tilde{A}_t$) に従うと仮定する．

$$\left(\frac{d\tilde{A}_t}{A_t}\right) = r_A dt + \sigma_A d\tilde{z}_t \tag{1.9}$$

ただし，r_A：資産の期待成長率，

σ_A：資産成長率のボラティリティ，

$d\tilde{z}_t$：ウィナー過程

このとき，満期時点 T での資産の対数値は，平均 $\ln A_0 + (r_A - \sigma_A^2/2)T$，分散 $\sigma_A^2 T$ の正規分布に従う．

$$\ln \tilde{A}_T = \ln A_0 + (r_A - \sigma_A^2/2)T + \sigma_A d\tilde{z}_t \tag{1.10}$$

（2） 期待倒産確率 EDP の算出

ここで倒産の定義は，「満期時点 T で，資産額が負債額を下回り債務超過となっている（すなわち $\tilde{A}_T < B_T$ となっている）こと」とする．これを数式で表現すれば次のようになる．

$$\begin{aligned} EDP &= \Pr\{\tilde{A}_T < B_T | A_0\} \\ &= \Pr\{\ln \tilde{A}_T < \ln B_T | \ln A_0\} \\ &= \Phi\left(\frac{\ln B_T - \{\ln A_0 + (r_A - \sigma_A^2/2)T\}}{\sigma_A \sqrt{T}}\right) \end{aligned} \tag{1.11}$$

ただし，Φ は標準正規分布の累積密度関数

（3） パラメータの推定[*12]

(1.11)式には5つのパラメータ ($B_T, T, A_0, \sigma_A, r_A$) が含まれている．このうち，負債満期 T は1年とし，満期時点の負債総額 B_T は直近決算時の有利子負債額（簿価）[*13]と仮定する．残りの3つのパラメータ（現在の資産時価

[*12] 推定の際の問題点は，文献2) を参照されたい．
[*13] 1年間という比較的短い期間には負債簿価はほとんど変化しないと仮定した．なお有利子負債は，財務諸表の長短借入金・社債・CB・従業員預り金・割引手形の合計とした．

A_0,資産のボラティリティ σ_A,資産の期待成長率 r_A)は以下の連立方程式((1.12)〜(1.14) 式)を解くことによって算出することができる[*14]。

$$E_0 = e^{-r_A T} \int_{-\infty}^{\infty} max(\tilde{A}_T - B_T, 0) f(\tilde{A}_T) d\tilde{A}_T$$
$$= A_0 \Phi(d_1) - B_T e^{-r_A T} \Phi(d_2) \quad (1.12)$$

ただし,$d_1 = \dfrac{\ln(A_0/B_T) + (r_A + \sigma_A^2/2)T}{\sigma_A \sqrt{T}}$,

$d_2 = d_1 - \sigma_A \sqrt{T}$,

f は対数正規分布の確率密度関数,

Φ は標準正規分布の累積密度関数

$$\sigma_A = \frac{E_0}{A_0 \Phi(d_1)} \sigma_E \quad (1.13)$$

$$r_A = \frac{E_0}{A_0} r_E + \left(1 - \frac{E_0}{A_0}\right) r_B \quad (1.14)$$

ただし,σ_E:株価のボラティリティ,E_0:株主資本,

r_E:株主資本の期待成長率,r_B:負債時価の期待成長率

ここで,連立方程式を解く際には,以下の情報を利用する.
・株主資本 E_0: 発行済株式数 N×株価 S(N は一定と仮定)
・株価のボラティリティ σ_E: 週次ヒストリカル・ボラティリティ(HV,観測期間1年)を年率換算
・株主資本の期待成長率 r_E: 週次収益率の平均値(同)を年率換算
・負債時価の期待成長率 r_B: ゼロと仮定[*15]

なお,上記のように B_T, N, r_B を定数とするとの仮定のもとでは,EDP は (1.5) 式のように S, r_E, σ_E のみを変数にもつことがわかる[*16].

[*14] (1.12) 式は (1.8) 式の E_t についてオプション理論を用いた評価を行ったもの.

[*15] 基本的に負債時価は市場から入手することができないので,その期待成長率を推定することは極めて困難である.負債の期待成長率は (1.14) 式によって資産の期待成長率に影響を与えるが,資産の期待成長率の水準自体は (1.11) 式における EDP の評価にはそれほど大きな影響は与えないので,ここではゼロと仮定することにした.

[*16] 図 1.1 の ① の部分に該当.

1.2.2 社債スプレッド

分析に用いる国内普通社債（SB）のスプレッドは，スワップ・レートおよび Libor とのスプレッド——いわゆる「Libor スプレッド」——である．

「Libor スプレッド」は，当該債券のキャッシュフローを変動金利（Libor＋LS）とスワップした際の LS のことをさし，固定金利と変動金利の各キャッシュフローをスワップ・レートから求めたディスカウント・ファクターで評価することにより算出される（(1.15) 式）．

$$LS = \frac{(1-V) + \sum_{j=1}^{m}(Cp/2 - Sw \cdot n_j/365) \cdot D(t_j) - AI}{V \cdot \sum_{j=1}^{m}(n_j/360) \cdot D(t_j)} \qquad (1.15)$$

ただし，V：債券流通価格（額面 1 円に対するもの），
Cp：債券のクーポン・レート，
Sw：債券と同残存期間のスワップ・レート[*17]，
t_j：債券の j 回目の利払日，AI：経過利子，
$D(t_j)$：t_j でのディスカウント・ファクター，
n_j：t_{j-1} と t_j 間の日数，m：満期までの利払い回数

1.2.3 使用データ

株価は東証 1 部もしくは大証 1 部の引け値，社債価格は日本証券業協会が公表している公社債基準気配，財務データは有価証券報告書から採集した．なお分析の対象とした銘柄は，① 分析対象期間（後述）を通じて株価引け値および社債気配値が共に存在し，かつ② 社債の残存期間が 10 年以内，③ 社債発行額が 100 億円以上，の各条件を満たすものである（計 735 銘柄）．

分析対象期間は，公社債基準気配の継続的なデータを確保した 1997 年 5 月～1998 年 3 月で，データは各週の最終営業日のものとした（48 週分の週次データ）．

[*17] 計算に使用するスワップ・レートは Bloomberg から入手．Libor は当日の BBALibor（1 M, 3 M, 6 M, 12 M），スワップ・レートは当日の NY 市場におけるクロージング・レート（2 Y, 3 Y, 4 Y, 5 Y, 7 Y, 10 Y）．これを債券の残存期間に合わせ，線形補間により算出．

表1.7 回帰分析結果（下段は t 値）

決定係数	切片	EDP
0.70	0.22	1.04
	30.53	286.32

1.2.4 期待倒産確率と社債スプレッドに関する分析

ここで EDP と LS の関係をみるために，クロスセクション 735 銘柄とタイムシリーズ 48 週のプーリング・データを使用して，(1.16) 式で回帰分析を行う．

$$LS_{ij} = a_0 + a_1 EDP_{ij} + \varepsilon_{ij} \tag{1.16}$$

ただし，LS_{ij}：銘柄 i 時点 j の LS（単位％），

EDP_{ij}：銘柄 i 時点 j の EDP（単位％），

ε_{ij}：誤差項，a_0, a_1：定数

結果（表1.7）から，EDP の説明力はおおむね高いことがわかる．また EDP の係数は，EDP の 1% の上昇が LS の 104 ベーシス・ポイントの拡大に繋がることを示している．

また，LS と EDP の関係が，分析対象期間において，どのように変化しているかをみるために，(1.16) 式による回帰分析をクロスセクションごとに 48 週にわたって行った．図 1.2 に決定係数と EDP 係数 (a_1) の推移を示した．

97 年 9 月以降では，決定係数は 0.8 前後とおおむね高い水準で推移してお

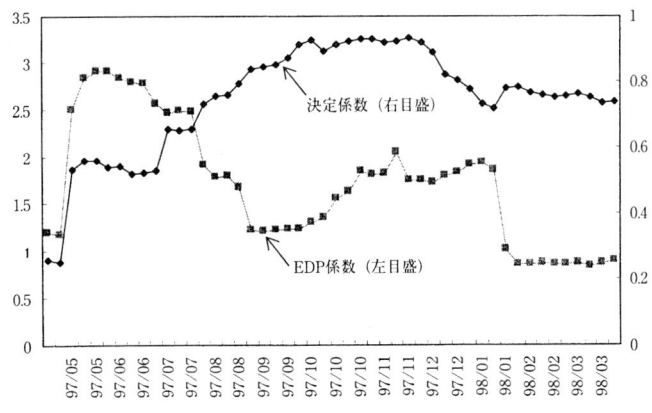

図1.2 決定係数および EDP 係数 (a_1) の推移

り，EDP の水準に応じて LS が決定される度合が高くなったことがわかる．また EDP 係数は，97 年夏場以降はおおむね 0.8〜2.0 の水準で変動し，特に 98 年入り後は安定していたことがわかる．

こうした分析結果を踏まえると，比較的短い時間を想定すれば LS の変動は，(1.17) 式のように EDP の変動に比例すると仮定することができると考えられる[18,19]．

$$-\frac{dLS_i}{dEDP_i} = a_1 \qquad (1.17)$$

次節では，(1.17) 式のような一定の関係が株式・社債市場から観測可能であり，したがって LS が株価情報の関数である[20]ことを前提として議論を進める．

1.3 株価変動に対する感応度に注目したリスク管理手法

本節では，前節で示した期待倒産確率と Libor スプレッドの関係を所与のものとして，銀行が保有する同一取引先に対する貸出と政策株式を包括的に管理していく手法を検討する．以下では，1.3.1 項で感応度による把握・管理の重要性を解説する．1.3.2 項で管理対象とする資産および感応度の種類を示し，1.3.3 項で感応度であるデルタとベガの概念を整理する．最後に 1.3.4 項で仮想ポートフォリオを作成し，実際のリスク量を算出するとともに，ヘッジ・オペレーションの効果の分析を試みる．

1.3.1 感応度の把握・管理

株価変動リスクと信用リスクの両者を内包したポートフォリオのリスク管理においては，それらの相関を考慮した統合リスク量（VaR）を算出するというのが一つのやり方であろう．これにより算出されたリスク量は，銀行経営上

---

[18] (1.6) 式および図 1.1 の②の部分に該当．
[19] 非線形の関数を推定し，より安定的な関係を導くことも考えられる．
[20] (1.7) 式および図 1.1 の③の部分に該当．

の適当な自己資本水準を決定していく過程で重要な指標となりうる．しかし，ポートフォリオ運営では，リスク量の把握だけでは必ずしも十分ではない．各種のリスク・ファクターに対するポートフォリオの感応度を認識することにより，経営上それに偏りがあると判断された場合には，増減させるエクスポージャーを選択し，増減させるための具体的コントロール手段の決定を行うというプロセスが必要である．つまり，リスク・ファクターに対する感応度を把握・管理することは，ポートフォリオ運営を機動的に行っていくためには非常に基本的な手続きなのである．

一方，1.1 節で示したように株価変動が銀行の企業価値に及ぼす影響は大きく，また株価変動リスクと信用リスクの間に高い正の連関が定量的に観察されることを勘案すると，銀行の株式や貸出のポートフォリオ運営の基本目標は，ポートフォリオ全体における ① 株価変動に対する感応度のコントロール，② 金利変動に対する感応度のコントロール，の 2 点に集約されるといっても過言ではない．また，株価変動に対する感応度をリスク管理の主要な対象の一つに据えることは，今後はリスク管理のためのニーズの増加にともなってヘッジ・ツールの多様化が期待できると思われることや，経営者にとってわかりやすい指標であること，といった観点からみても利点が大きいと考えられる．

さて，このようにポートフォリオ全体における ① 株価変動に対する感応度のコントロール，② 金利変動に対する感応度のコントロールの 2 つをポートフォリオ運営の基本目標とした場合，問題となるのは具体的な管理手法である．この点，金利変動に対する感応度の管理では，近年多様な管理手法が構築されている．一方，信用リスクとの連関を反映させた上での株価変動に対する感応度の管理は，未だその具体的な方法論が確立されていないのが現状であると考えられる．そこで，以下では後者に焦点を当てて具体的な管理手法の検討を行うこととする．本節では，資産を現在価値ベースで評価し，それに基づいて短期的なポートフォリオ運営を行うことを前提としている．元々，政策保有株式や貸出のポートフォリオは投資期間が長いが，1.1 節で示したようなリスクの大きさを勘案すると，現在価値評価に基づく短期的なリスク・コントロール（売買，ヘッジ）の必要性は高いと判断される．

表1.8 取引企業の分類

		株式公開	
		有	無
社債発行	有	① ┄┄►	③
	無	② ▼	④ ◄┄

1.3.2 管理対象とする資産および感応度

a. 資　産

　ここでは，管理対象とする資産を貸出と政策保有株式の2つであるとする．この場合，管理を行うに当たっては，「商品」という切り口の他に「取引企業」という切り口が必要である．というのは，銀行のポートフォリオにおける貸出と政策保有株式は，それぞれ個別の意思決定プロセスによって投資されるのではなく，「取引企業」とのリレーションシップの程度によってコントロールされるケースが多いからである．

　表1.8は，銀行の取引企業を株式を公開しているか否かと社債を発行しているか否かという観点から分類したものである．一般的な銀行の資産の場合①～④のいずれの企業群とも取引が存在すると考えられるが，個別の取引形態には，貸出のみ・株式保有のみ・その両方という3つのケースがある．ここで提案する感応度管理は，①に属する企業群のEDPとLSの関係（(1.16)式）を市場で観測し，その関係を他の企業群に適用するというものである．したがって，市場から観測可能な株式などの情報がある①の企業群が通接の管理対象となり，②～④の企業群は，例えば，株式などの情報からEDPを別途推定した上で，上記関係を援用して管理を行うと考える．

b. 感応度

　ここでは「取引企業」別に株価変動に対する感応度を計測し，その積み上げとしてポートフォリオ全体の感応度を把握するというアプローチを採用する．最初に，各資産の株価情報に対する各種感応度を整理する．まず貸出であるが，上述の通りEDPは株価などの3つの変数から影響を受けると仮定した（(1.18)式）．したがって，EDPには3種類の感応度が存在することとなる．EDPがオプション・アプローチから求まることを勘案すると，特に株価とボラティリティに対する感応度に留意する必要がある．

$$EDP = f(S, r_E, \sigma_E) \qquad (1.18)$$

ただし，S：株価，r_E：株価期待成長率，σ_E：株価ボラティリティ

次に政策保有株式は，株価 S およびボラティリティ σ_E の変動に対して感応度をもっている（株価の変動に対する感応度は保有株式数である[*21]）．

したがって，ここでは，貸出・政策保有株式のポートフォリオがもつ，株価変動に対する感応度として，次の2つを定義する．

① デルタ：株価 S の微少変化に対する資産価値変化割合
② ベガ　：株価ボラティリティ σ_E の微少変化に対する資産価値変化割合

1.3.3　デルタ・ベガの算出

a. 取引企業別デルタ・ベガ

i 番目の企業向け貸出および同政策保有株式にかかるデルタを $DELTA_i$ とすれば，それは次のように表現することができる．

$$\begin{aligned} DELTA_i &= 貸出部分 + 政策保有株式部分 \\ &= DELTA(debt)_i + DELTA(stock)_i \end{aligned} \qquad (1.19)$$

$$DELTA(debt)_i = -Amt(debt)_i \cdot Du_i \cdot \frac{dLS_i}{dEDP_i} \cdot \frac{dEDP_i}{dS_i} \qquad (1.20)$$

ただし，$Amt(debt)_i$：i 番目の企業に対する貸出元本の合計[*22]，

Du_i：同デュレーション，LS_i：同 LS，EDP_i：同 EDP，

$\dfrac{dLS_i}{dEDP_i} = \alpha_1$（(1.16) 式 α_1 で実証分析から推定）

$$DELTA(stock)_i = N_i \qquad (1.21)$$

ただし，N_i：i 番目の企業の保有株数

同様に i 番目の企業との取引にかかるベガを $VEGA_i$ とすれば，次のように表現することができる．

[*21] 保有株式数を N とすると時価は NS となるので，これを S で微分する（感応度を求める）と N である．

[*22] 本来は貸出の時価とすべきであるがここでは簡便化のため元本とした．

$$VEGA_i = 貸出部分 + 政策保有株式部分$$
$$= VEGA(debt)_i + VEGA(stock)_i \quad (1.22)$$

$$VEGA(debt)_i = -Amt(debt)_i \cdot Du_i \cdot \frac{dLS_i}{dEDP_i} \cdot \frac{dEDP_i}{d\sigma_{Ei}} \quad (1.23)$$

$$VEGA(stock)_i = 0 \quad (1.24)$$

b. ポートフォリオ全体のデルタ・ベガ

次に，n 個の取引企業向け貸出，およびそれら企業の政策保有株式から構成されるポートフォリオ全体のデルタ（$DELTA(portfolio)$），ベガ（$VEGA(portfolio)$）を考察する．個別株式の株価およびボラティリティが，同方向に同程度だけ変動するときの感応度を考えれば，ポートフォリオ全体の感応度は，個別株式の感応度を単純合計することによって得られる．この場合，個別株式の変動の分散効果を勘案すると，一種のシステマティック・ファクターである株価インデックスに対する感応度で考えるということも妥当であると思われる．

そこで i 番目の企業の株価収益率 R_i が，下記のようなシングル・ファクターモデル[*23]によって表現されると仮定する．

$$R_i = \beta_{0i} + \beta_{1i} \cdot R_M + \varepsilon_i \quad (1.25)$$
$$\sigma_{Ei}^2 = \beta_{1i}^2 \cdot \sigma_M^2 + \sigma_{\varepsilon i}^2 \quad (1.26)$$

ただし，R_i, σ_{Ei}：i 番目の企業の株価収益率とボラティリティ，

R_M, σ_M：株価インデックスの収益率とボラティリティ，

$\varepsilon_i, \sigma_{\varepsilon i}$：誤差項およびそのボラティリティ，$\beta_{0i}, \beta_{1i}$：定数

このとき，株価インデックスに対する感応度は

$$DELTA_i(index) = DELTA_i \cdot \frac{dR_i}{dR_M} \quad (1.27)$$

$$VEGA_i(index) = VEGA_i \cdot \frac{d\sigma_{Ei}}{d\sigma_M} \quad (1.28)$$

[*23] 個別株の収益率を説明するマルチ・ファクターモデルの研究は多方面で進んでおり，実務的にはその成果を利用することも考えられるが，ここでは簡単化のため単純なモデルを仮定した．

1.3 株価変動に対する感応度に注目したリスク管理手法

表1.9 仮想ポートフォリオの構成

取引先	格付	業種	98/3/27日時点		貸出（億円）	政策株式（億円）	
			LS (%)	EDP (%)	簿価	簿価	時価
a社	AAA	通信	0.27	0.02	1000	100	125
b社	AA	鉄鋼	0.51	0.69	1000	100	125
c社	A	小売	0.97	0.97	1000	100	125
d社	BBB	卸売	2.94	2.34	1000	100	125
e社	BB	建設	28.9	13.05	1000	100	125
合計					5000	500	625

なお

$$\frac{dR_i}{dR_M} = \beta_{1i} \quad ((1.25)\text{式より}) \tag{1.29}$$

$$\frac{d\sigma_i}{d\sigma_M} = \beta_{1i}{}^2 \cdot \frac{\sigma_M}{\sigma_{Ei}} \quad ((1.26)\text{式より}) \tag{1.30}$$

となる．これらによって，ポートフォリオ全体の株価インデックスに対する感応度は，以下のように表現される．

$$DELTA(portfolio) = \sum_{i=1}^{n} DELTA_i(index)$$

$$= \sum_{i=1}^{n} DELTA_i \cdot \beta_{1i} \tag{1.31}$$

$$VEGA(portfolio) = \sum_{i=1}^{n} VEGA_i(index)$$

$$= \sum_{i=1}^{n} VEGA_i \cdot \beta_{1i}{}^2 \cdot \frac{\sigma_M}{\sigma_{Ei}} \tag{1.32}$$

1.3.4 デルタ・ベガを利用したリスク管理

以下では単純な仮想ポートフォリオを作成した上で，上述の感応度を利用したリスク管理手法を当該ポートフォリオに適用し，同手法の具体的な効果を示す．

a．仮想ポートフォリオの作成およびリスク量算出の前提

まず，表1.9のように，AAA～BBの5段階の格付から無作為に各々1つの銘柄を選択し，計5つの取引先に対する貸出と政策保有株式から構成される仮想的なポートフォリオを作成する．

表 1.10 取引先別感応度（単位：億円）

取引先	格付	Price 1%v	Volatility 1%v
a 社	AAA	1.21	△0.07
b 社	AA	1.34	△0.73
c 社	A	1.27	△0.47
d 社	BBB	1.57	△0.76
e 社	BB	1.42	△2.91
合計		6.81	△4.94

ここで，微係数の算出は以下のように行った[*24]．

$\dfrac{dLS_i}{dEDP_i}(=a_1)$：(1.16) 式の回帰分析により算出（ここでは，1.2 節の回帰分析結果（表 1.7 にある 1.04）を採用した）．

$\dfrac{dEDP_i}{dS_i}, \dfrac{dEDP_i}{d\sigma_{Ei}}$：$S_i, \sigma_{Ei}$ を微少単位動かしたときの現在価値変化幅から算出．

なお，デュレーションは一律 1 年とした．また，個別株ベータは 98 年 3 月 27 日以前の 1 年間の週次データより算出した．

感応度は，(1.27)，(1.28) 式のようなインデックスに対する感応度を用いるが，ここでは金額ベースの把握を容易にするために，以下のような指標を計測する．

株価 1% バリュー（Price 1%v）
　＝ TOPIX が 1% 上昇したときの現在価値変化
　＝ $DELTA_i ×$ 当該時点の TOPIX 値 $× 1\% × \beta_i$

ボラティリティ 1% バリュー（Volatility 1%v）
　＝ TOPIX ボラティリティが 1% 上昇したときの現在価値変化
　＝ $VEGA_i × 1\% × \beta_{1i}{}^2 \cdot \dfrac{\sigma_M}{\sigma_{Ei}}$

b．エクスポージャーの偏在状況の把握

表 1.10 は，上で定義したポートフォリオの感応度を取引先別に計測した結果である．これにより，まず Price 1%v はロング，Volatility 1%v はショー

[*24] 以下の定式化における添え字 i は取引先を示している．

表 1.11 取引先別の現在価値変化額（単位：億円）

取引先	格付	Price σ%v	Volatility σ%v
a 社	AAA	1.21	△ 0.60
b 社	AA	1.34	△ 6.22
c 社	A	1.27	△ 3.96
d 社	BBB	1.57	△ 6.50
e 社	BB	1.42	△24.70
合計		6.81	△41.98

トとなっており TOPIX の下落および同ボラティリティの上昇によって現在価値が減少することがわかる．またこのケースでは，各取引先の Price 1%v にはあまり差がないのに対し，Volatility 1%v にはばらつきがみられる．例えば BB 格の e 社のエクスポージャーが相対的に大きいことや，b 社（AA格）

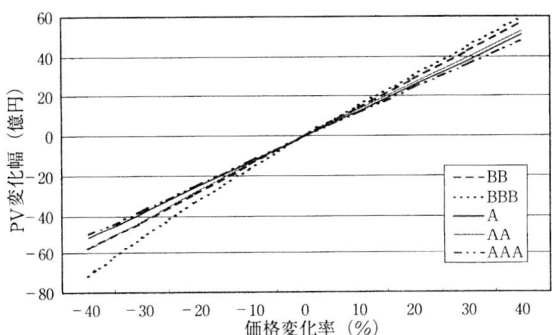

図 1.3 デルタリスクのシミュレーション

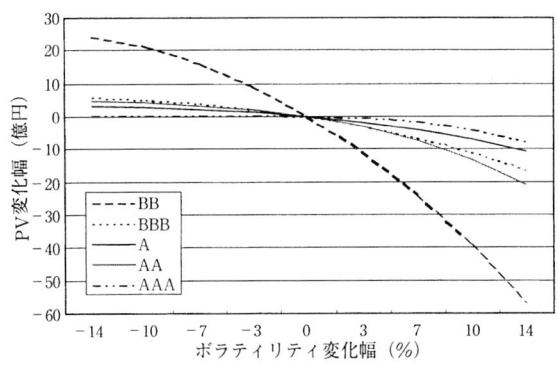

図 1.4 ベガリスクのシミュレーション結果

のエクスポージャーは低格付のc社（A格）のそれより大きいことなどがわかる．

図1.3, 1.4は，TOPIXおよびそのボラティリティを比較的広いレンジで変動させたときの現在価値（PV）の変化額（デルタリスクおよびベガリスク）を取引先別にシミュレートした結果である（図では各々の格付で示した）．ここでも，格付別にみて，ベガリスクで相対的に大きなばらつきがみられる．さらに，デルタリスクに比べてベガリスクの非線形性が大きいことがわかる．

次に，表1.11は，リスク・ファクターの変化度合を考慮したリスク量を近似的[25]に求めたものである．これはTOPIXおよびそのボラティリティが，1標準偏差分[26]変動したときの現在価値の変化額である．これによりデルタリスクとベガリスクを比較すると，a社（AAA格）以外は後者の方が（絶対値が）大きいことがわかる．こうしたリスク・ファクターの変化度合を考慮したリスク量を用いれば，金利などの他のリスク量との量的比較も可能となる．

c．ヘッジ取引

以下では，取引先との取引関係を変えずに（すなわち，貸出や政策保有株式の簿価は変化させずに），ポートフォリオのリスク量をコントロールするためのヘッジ取引を考える[27]．ヘッジ・ツールとしては，TOPIX先物および同オプション[28]を想定し，98年3月27日時点で下記のような条件でヘッジ取引を行えると仮定する．

① TOPIXインデックス先物

　現物と同様の価格変化をし，かつコストはゼロと考える．

② TOPIXインデックス・オプション[29]

　形態：ヨーロピアン・プット

---

[25] シミュレーションによらず1%vから線形に計算している．

[26] ここではTOPIXおよびそのIVのヒストリカル・データ（1年分）から日次ボラティリティを算出．$\sigma(\text{price})=1.0\%$, $\sigma(\text{volatility})=8.5\%$で計算している．

[27] 「ヘッジ量」の決定では，経営指標に一定の目標を設定し，そのための最適解をみつけるなどの考え方があるが，ここでは単に，株価変動リスクと信用リスクの連関を反映させた「ヘッジ手法」の例示を目的とする．

[28] 実際の市場での取引の厚みを考えた場合，株価インデックス・オプションとしてはTOPIXよりも日経225の方が好ましい可能性はあるが，ここでは便宜的にTOPIXを用いた．

[29] プライシングには，配当支払のない場合のブラック・ショールズ・モデルを使用．

1.3 株価変動に対する感応度に注目したリスク管理手法

表1.12 ヘッジ状況（単位：億円）

	現状	ヘッジ取引		ヘッジ後	ヘッジ率
		プット 15500 枚	先物 600 枚		
Price 1%v	6.80	△1.51	△0.76	4.53	33.3%
vol 1%v	△4.94	1.63	0	△3.30	33.1%
コスト		7.02	0		

行使価格：1100（なお，98年3月27日時点の原資産価格は1258.55）[*30)]

満期：120日後

コスト：契約時の支払プレミアム

当該ポートフォリオのリスク量のうち，例えば3分の1のヘッジを企図したと仮定した場合，表1.12のように先物600枚のショートとプット・オプショ

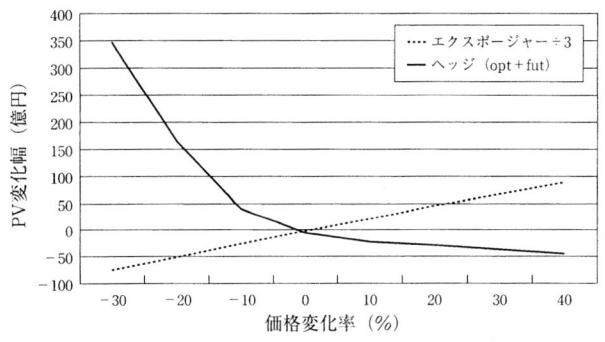

図1.5 デルタリスクとヘッジ取引

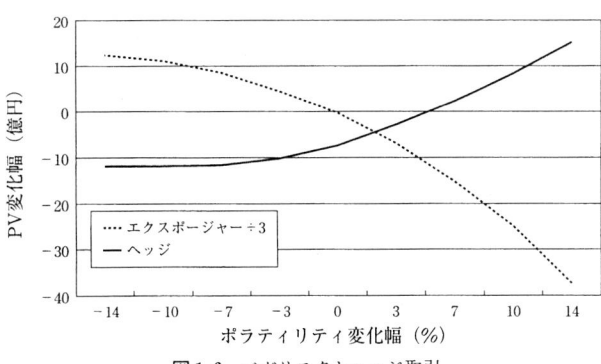

図1.6 ベガリスクとヘッジ取引

ン15500枚のロングによりおおむね目的が達成されることがわかる．

また，図1.5, 1.6は，ポートフォリオの3分の1相当分とヘッジ取引について，TOPIXおよびそのボラティリティを比較的広いレンジで変動させたときの，それらの現在価値（PV）の変化額を示したものである．これによると，ヘッジ後のポートフォリオでは，デルタリスクは，TOPIXの比較的大きな下落に対して，オプションの非線形性によりオーバー・ヘッジとなることから，ヘッジ取引の機動的な調整が必要であることがわかる．一方，ベガリスクは損益曲線をみるかぎり，かなり高いヘッジ効果が期待できるといえる．

ま と め

本章では，政策保有株式が銀行経営に与えるインパクトを確認することによってそのリスク管理の重要性を示すとともに，具体的なリスク管理手法の一つとして，株価変動リスクと信用リスクの連関を反映させた「株価変動リスクに対する感応度管理」を提示した．

まず政策保有株式の影響であるが，会計上の損益やBIS自己資本比率といった経営指標に大きなインパクトを与えていることが確認された．銀行の政策保有株式の大半を占める部分で，2001年4月以降の決算から時価評価が行われることとなったことを考えると，貸出を含めたポートフォリオ全体の株価変動リスクを適切に管理し，それを積極的にコントロールする必要性が極めて大きいことが理解できよう．

そこで具体的な管理手法の一つとして，本章では株価変動リスクと信用リスクとの連関を反映させた感応度によるポートフォリオ管理を提案した．これは，株価情報から計算される「オプション・アプローチによる期待倒産確率」と，社債市場から観測される「Liborスプレッド」が高い相関を有していることに着目し，リスク・ファクターを株価情報としてその変動に対する感応度（デルタおよびベガ）を計測するものである．この2つの感応度は，前者が政策保有株式の株価変動リスク，後者が貸出の信用リスクを主に反映している．仮想ポートフォリオによる試算によれば，エクスポージャーの偏在状況の把握や，株価インデックス先物・オプションを用いたヘッジにおいて，一定の有用

[*30] ディープOTMである．

性が確認された．特に信用リスクを反映する傾向があるベガリスクのヘッジでは，株価インデックス・オプションのロング・プット・ポジションが有効である可能性が高いことがわかった．

1.A 補論：国内既発普通社債の Libor スプレッドの分析

　ここでは，国内普通社債（SB）の流通利回りとベンチマーク金利との利回りスプレッド（具体的には Libor スプレッド）を用いた簡単な分析例を示す．分析対象期間は，本論と同様に 1997 年 5 月～1998 年 3 月である．SB の利回りスプレッドは，信用リスクや流動性リスクなどを反映して形成されていると考えられる．このため，スプレッドの算出・分析を通して，市場での SB の価格形成メカニズムや市場のリスクに対する見方を把握することが可能となる．
　以下では，1.A.1 項で社債の Libor スプレッド（LS）の計算手法と使用データを説明した後，1.A.2 項では，流通市場の LS が，これまで同様に，格付，残存期間，クーポン・レートによって，おおむね説明できることを示し，さらにそれら説明変数の係数の水準や符号を検討する．

1.A.1 スプレッド計算手法と使用データ
a． スプレッド計算手法[*31]

　分析に用いる国内普通社債（SB）のスプレッドは，スワップレートおよび Libor とのスプレッド（Libor スプレッド）である．
　「Libor スプレッド」は，当該債券のキャッシュフローを変動金利（Libor＋α）とスワップした際の α のことをさし，固定金利と変動金利の各キャッシュフローをスワップレートから求めたディスカウント・ファクターで評価することにより算出される（(1.33) 式[*32]）．

$$\alpha = \frac{(1-V)+\sum_{j=1}^{m}(Cp/2 - Sw \cdot n_j/365)\cdot D(t_j) - AI}{V \cdot \sum_{j=1}^{m}(n_j/360)\cdot D(t_j)} \quad (1.33)$$

[*31] この部分の内容は，基本的に 1.2.2 項と同様である．
[*32] 実際の計算に当たっては利払日間の日数に若干の近似を加えた．

ただし，V：債券流通価格（額面1円に対するもの），
Cp：債券のクーポン・レート，
Sw：債券と同残存期間のスワップレート[*33)]，
t_j：債券のj回目の利払日，AI：経過利子，
$D(t_j)$：t_jでのディスカウント・ファクター，
s_j：t_{j-1}とt_j間の日数，m：満期までの利払い回数．

b． 使用データ

分析に使用したSBは，日本証券業協会が公表している公社債基準気配銘柄の社債（除く東京交通債，放送債）で，① 分析対象期間（後述）を通じて気配が存在し，かつ ② 残存10年以内，の各条件を満たすものである（ここでは，建設業銘柄を除く[*34)]計817銘柄）．

各銘柄の格付は原則として国内格付機関[*35)]によるものを採用した[*36,37)]．また，同一企業の発行銘柄が複数の格付機関から格付を取得しており，その格付水準に相違がある場合には，下位の格付を選ぶ扱いとした[*38)]．また，分析対象期間は1997年5月～1998年3月で，気配データは各週の最終営業日のものとした．

1.A.2 スプレッド算出と分析

上記の48週分のデータを用いてLSを算出した．具体例として，データ系

[*33)] 計算に使用するスワップレートはBloombergから入手．このうちLiborは当日のBBALibor（1M,3M,6M,12M），スワップ・レートは当日のNY市場クロージング・レート（2Y,3Y,4Y,5Y,7Y,10Y）．これを債券の残存期間に合わせ，線形補間により算出．

[*34)] 建設業銘柄は，分析期間中，他業種銘柄よりも全般的にLSが大きく拡大する傾向があったため，ここでは分析の対象から除外することとした．

[*35)] 日本公社債研究所（JBRI），日本インベスターズサービス（NIS），日本格付研究所（JCR）の3社（なお，JBRIとNISは1998年4月に合併し日本格付投資情報センター（R&I）となった）．

[*36)] ここでの分析では簡便化のためAA+とかA-といった±記号は捨象した．

[*37)] 国内格付機関の格付を取得していないが海外格付機関からAAAの格付を取得している銘柄は，実質的に国内においてもAAAの格付を取得しているものとして扱った（なお，国内格付機関の格付を取得していないが海外格付機関からAAA以外の格付を取得している銘柄は，本節の分析対象銘柄にはない）．

[*38)] 817銘柄の格付内訳は，98年3月27日時点で，AAA 250銘柄，AA 212銘柄，A 278銘柄，BBB 72銘柄，BB 5銘柄である．

1.A 補論：国内既発普通社債のLiborスプレッドの分析

列の最初の時点である 97 年 5 月 2 日時点（図 1.7）と当月に大手金融機関の破綻が相次いだ 97 年 11 月 28 日時点（図 1.8）の 2 時点の状況を次の散布図に示す．

図 1.7，1.8 から直観的に看取できるものとしては，次の 2 点があげられる．第 1 点は，図 1.8 の LS のばらつき度合いが，図 1.7 に比べて全体的に大きくなっている点である．第 2 点は，図 1.7 の LS は全体的に右肩下がりの形状を示しているのに対し，図 1.8 の LS はおおむねフラットになっている点である．

次に，LS の形成メカニズムをみるために，LS をいくつかの説明変数でモデル化することを試みる．具体的なモデルは，各時点の LS を被説明変数，残存年数，クーポン・レート，格付を説明変数にしたもので，以下の通りである

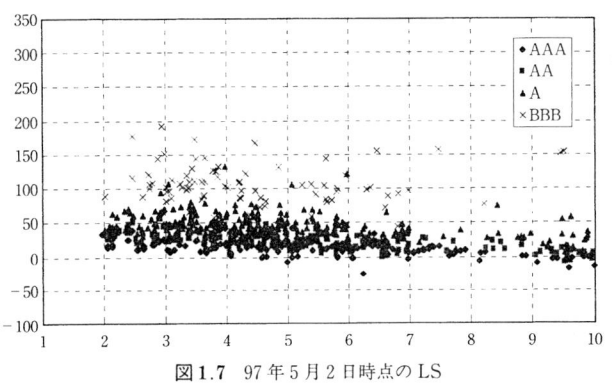

図 1.7　97 年 5 月 2 日時点の LS
（縦軸：ベーシス・ポイント (bps)，横軸：残存年数）

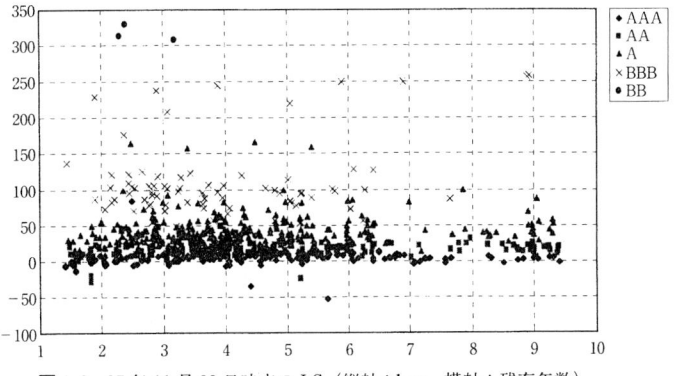

図 1.8　97 年 11 月 28 日時点の LS（縦軸：bps，横軸：残存年数）

表 1.13 97 年 5 月 2 日時点の係数等の計算結果（下段は t 値）

決定係数	切片	残存年数	クーポン	AA	A	BBB	BB
0.80	12.97	−3.77	3.90	16.91	37.68	98.44	—
	4.95	−14.56	8.96	10.14	24.47	48.60	—

表 1.14 97 年 11 月 28 日時点の係数等の計算結果（下段は t 値）

決定係数	切片	残存年数	クーポン	AA	A	BBB	BB
0.73	−11.83	1.26	1.97	16.07	42.96	110.93	321.05
	−3.02	3.19	2.97	6.49	18.02	35.51	25.46

((1.34) 式).

$$LS_i = \alpha + \beta \cdot Mat_i + \gamma \cdot Coup_i + \sum_{n=1}^{4} \pi_n \cdot D_{ni} + \varepsilon_i \qquad (1.34)$$

ただし，LS_i：銘柄 i の LS，　Mat_i：銘柄 i の残存年数

$Coup_i$：銘柄 i のクーポン・レート，

D_{ni}：銘柄 i の格付を表すダミー変数,

$D_{1i}=1$（銘柄 i の格付が AA の場合．それ以外はゼロ），

$D_{2i}=1$（同 A の場合．それ以外はゼロ），

$D_{3i}=1$（同 BBB の場合．それ以外はゼロ），

$D_{4i}=1$（同 BB の場合．それ以外はゼロ），

ε_i：誤差項，　$\alpha, \beta, \gamma, \pi_n$：定数

本モデルを今回計算した各時点の LS に適用して回帰分析を行うと，分析対象期間を通じて，おおむねこれらの説明変数によって LS が説明できることがわかる（補論の最後に掲げた別表を参照（決定係数＝0.7～0.8））．具体例として，上述の図に掲げた 97 年 5 月 2 日時点と 97 年 11 月 28 日時点の LS についての計算結果を表 1.13，1.14 に示す．これら 2 つの時点では，各説明変数の t 値は十分に大きいことがわかる．

さて，図 1.7，1.8 でみたような散布図の形状変化は，各時点における説明変数の係数の水準や符号を時系列でみていくことにより，より細かく分析・評価することが可能であると考えられる．具体的に，各説明変数の係数の推移をみると，以下のようなことを指摘することが可能である．

a. 格付ダミー

まず，格付ダミー変数をみていく．同変数は分析対象期間を通じて一貫して有意であり，その有意性も他の説明変数に比べて高いことがわかる．また，係数の水準をみると，格付が低いほど係数が大きく，AAA銘柄比の上乗せスプレッド幅が大きい．すなわち，SB流通市場では，発行体の信用リスクがスプレッドに合理的に織り込まれており，それが安定的であるといえる．

また，時系列でみると，その上乗せスプレッド幅は，97年11月頃までは

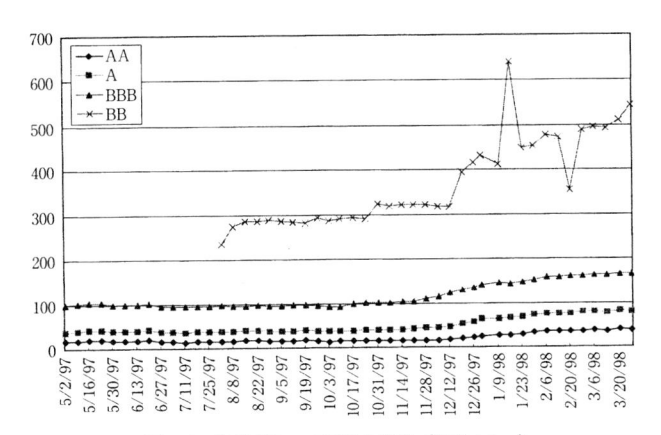

図1.9 格付ダミーの係数の推移（縦軸：bps）

表1.15 係数の月次変化幅[39]（単位：bps）

	97/6	7	8	9	10	11	12	98/1	2	3
AA	−2.7	−0.1	1.7	−0.6	0.2	0.4	8.0	8.2	4.0	0.6
A	−1.7	−0.3	1.4	−0.7	2.9	2.8	19.9	9.6	5.9	1.7
BBB	−3.5	−0.8	−0.3	−0.3	7.1	9.5	29.9	11.3	9.6	2.7

表1.16 同97年9月末と98年3月末の比較（単位：bps）

	AA	A	BBB	BB
9月末→3月末	15.5→36.9	37.2→80.1	94.3→164.4	293.7→544.0
同変化幅	21.4	42.9	70.1	250.3

---

[39] 月末に最も近い観測時点の係数を比較した．なお，BB格銘柄については分析対象期間中に係数が大きく振れる局面があることから，ここでは除いた．

AA～A銘柄で比較的安定していた（BBB銘柄は10月頃から拡大傾向に転じている）が，12月～1月にかけて急激に拡大し，それ以降も拡大を続けている（図1.9，表1.15）．また格付別にみると，低格付銘柄ほどスプレッドの拡大が顕著となっている（表1.16）．これは，特に97年11月の大手金融機関の破綻（北海道拓殖銀行，山一證券，三洋証券）や景気の先行きに対する慎重な見方などを背景とした信用リスクに対する警戒観の高まりによるものとみられる．

なお，BB格ダミーの係数は97年12～98年2月に相当の幅で上下しているが，これはBB格銘柄のサンプル数の少なさ（98年3月27日時点で5銘柄）が影響している可能性がある．

b．クーポン・レート

クーポン・レートは，97年12月なかばまでは一貫して有意な説明変数で，クーポン・レートが大きいほどスプレッドも大きい（係数の符号はプラス）との傾向が得られた．この背景としては，低金利局面ではクーポン・レートが高い債券はオーバー・パーの度合いが強くなり，現時点でオーバー・パーで購入すると満期には償還損の償却負担が発生するので，投資家に相対的に敬遠されがちになるためであるとみられる．

また，わが国では単利水準を売買の目安の一つとする投資家が依然として少なくないことも一因であると考えられる．すなわち，複利ベースの利回りが同一であっても，ハイ・クーポンでオーバー・パーの債券ほど単利ベースの利回

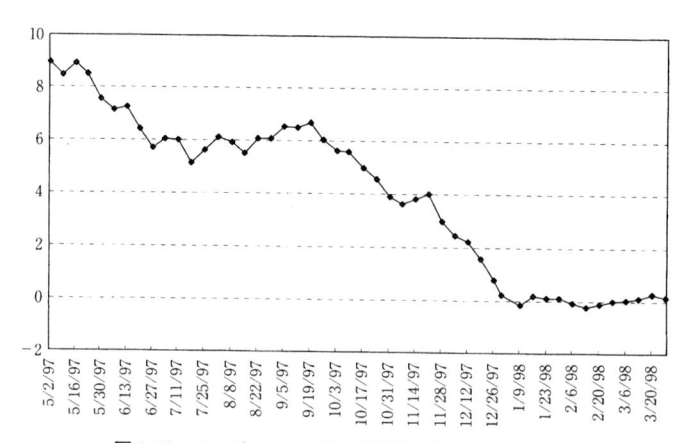

図1.10 クーポン・レートの係数値の推移（縦軸：bps）

りが低めになることから,こうした単利水準重視の投資家に敬遠されたとの推察も可能である.

一方,97年12月なかば以降では,分析対象期間の初期には10ベーシス・ポイント弱あった係数値がゼロ近傍にまで減少し,この段階でクーポン・レートは有意な説明変数ではなくなった(図1.10).

こうした事態が生じた背景には,投資家の信用リスクに対する警戒観の高まりがあると考えられる.つまり,上述のように特に97年11月付近以降は,投資家は債券の格付すなわち信用度を重視する姿勢を強めたため,クーポン・レートの水準自体は債券投資の判断材料としては劣後したものとなったと推測できる.

c. 残存年数

残存年数は,分析対象期間のほとんどで有意な説明変数である.一方,係数の符号をみると,97年10月なかばにマイナスからプラスに転換していることがわかる(図1.11).

一般的には,投資適格水準にある発行体の場合,投資期間が長くなるほど,「限界デフォルト率」(t年後にデフォルトを起こす確率)[40]が大きくなっていくので,当該発行体の債券の信用リスクにかかるスプレッドが拡大していく傾向がある.すなわちスプレッドと残存期間に正の相関があることになるが,米

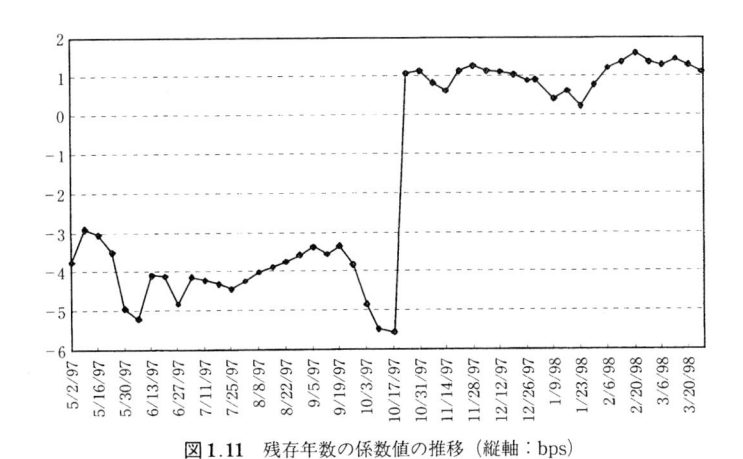

図1.11 残存年数の係数値の推移(縦軸:bps)

---

[40] これに対し,t年後<u>まで</u>にデフォルトを起こす確率を「累積デフォルト確率」と呼ぶ.

国のSB流通市場では，実証分析でこの点が確認されている[*41]。

本節の分析で，97年10月なかばまで残存年数の係数の符号がマイナス（スプレッドと残存期間に負の相関が存在）であったという点は，米国市場での実証結果と異なるものである．わが国市場でこうした事象がみられた背景としては，オーバー・パーの債券を購入する場合には，償還損の償却が必要となる上，（アモチゼーション処理を行っている場合）1年当たりの償却負担は残存期間が短いほど大きくなるので，投資家から相対的に敬遠された点があると推測できる．

一方，97年10月なかば以降分析期間中，説明変数の係数の符号がプラスで推移した点は，同期間中は米国市場と同様の傾向がわが国市場でも実現したことを示している．これは，b.のクーポン・レートの場合と同様に，投資家が信用度を重視する姿勢を強めたことから，償却負担自体が債券投資の判断材料としては相対的に劣後したものとなったことが背景にあると考えられる．特に，97年10月当時は，アジア株を中心とした世界的な株価下落[*42]を受けて，わが国市場でも信用リスクに対する投資家の認識が高まったといわれており，こうした動きを係数符号の変化要因の一つとしてあげることが可能であろう．実際，表1.15で示したように，格付による上乗せスプレッドは，BBB銘柄では97年10月から明確な拡大傾向をみせたことから，この時期から投資家の信用度重視の姿勢強化の動きが徐々に高まり始めていたと判断できると思われる．しかし，残存年数の係数の符号変化が，段階的にではなく一挙に生じた背景は残念ながら不明である．

[*41] 文献5）参照．投資適格水準にある発行体の場合，期近のデフォルト・リスクは小さいが，年限が経過するにつれて景気変動や産業全体の衰退の影響などを受けるため，将来の財務内容は不安定になる可能性がある．このため「限界デフォルト率」が増加する．一方，投機的水準の発行体の「限界デフォルト率」は投資期間が長くなるほど小さくなる傾向がある．投機的水準の発行体の場合，財務内容が不安定で期近のデフォルト・リスクは大きいが，デフォルトを起こすことなくそうしたリスクを乗り越えた発行体は，財務内容が当初に比較して安定化している場合が多いため，「限界デフォルト率」は減少するのである．

[*42] 各国株式指数の97年9月30日〜10月28日の下落率（米国市場は10月27日まで）は以下の通り．日経平均：▲8.8％，NYダウ：▲9.9％，香港ハンセン指数：▲39.8％

参 考 文 献

1) 斎藤啓幸, 森平爽一郎：銀行の債務超過（倒産）確率　オプション・アプローチによる推定. 日本金融・証券計量・工学学会, 1998年度夏季大会予稿集.
2) 森平爽一郎：倒産確率推定のオプション・アプローチ. 証券アナリストジャーナル, 1997年10月.
3) 吉藤　茂：政策株投資が抱えるマーケットリスク量の試算—EaRモデルを適用して. 金融研究, **16** (3), 日本銀行金融研究所, 1997年9月.
4) Fons, J. S.: Using default rates to model the term structure of credit risk. *Financial Analysts Journal*, Sep/Oct 1994.
5) Kealhofer, S.: Managing of default risk in portfolio of derivatives. *Risk*, August, 1995.
6) Merton, R. C.: On the pricing of corporate debt: The risk structure of interest rates. *Journal of Finance* **29**, 1974.

1. 政策保有株式のリスク管理

別表 回帰分析結果

上段：係数，下段：t 値．網掛けは 5% 水準では有意ではないことを示す．

	決定係数	切片	残存年数	クーポン	AA	A	BBB	BB
97/05/02	0.80	12.97	−3.77	3.90	16.91	37.68	98.44	—
		4.95	−14.56	8.96	10.14	24.47	48.60	—
97/05/09	0.79	30.46	−2.91	3.81	17.40	39.11	102.09	—
		11.19	−10.83	8.44	10.05	24.47	48.56	—
97/05/16	0.80	27.15	−3.06	3.94	18.79	40.87	103.54	—
		10.18	−11.61	8.91	11.07	26.07	50.22	—
97/05/23	0.79	35.05	−3.51	3.91	19.75	40.96	102.63	—
		12.66	−12.82	8.50	11.19	25.15	47.90	—
97/05/30	0.79	49.10	−4.95	3.51	17.14	38.54	99.15	—
		17.52	−17.82	7.54	9.59	23.36	45.68	—
97/06/06	0.80	47.71	−5.21	3.29	17.82	39.85	99.58	—
		17.22	−19.00	7.14	10.08	24.41	46.38	—
97/06/13	0.79	29.56	−4.09	3.26	17.37	38.54	99.31	—
		10.95	−15.28	7.24	10.07	24.21	47.43	—
97/06/20	0.79	29.79	−4.12	2.93	18.72	40.73	100.42	—
		10.83	−15.11	6.40	10.65	25.10	47.04	—
97/06/27	0.79	37.95	−4.83	2.58	14.44	36.81	95.70	—
		13.99	−17.93	5.71	8.32	22.97	45.40	—
97/07/04	0.79	22.63	−4.16	2.67	14.46	36.72	94.98	—
		8.51	−15.73	6.02	8.49	23.35	45.92	—
97/07/11	0.79	23.36	−4.23	2.65	14.07	35.93	94.21	—
		8.82	−16.09	5.99	8.29	22.93	45.73	—
97/07/18	0.80	26.21	−4.31	2.22	14.76	36.71	93.87	—
		10.16	−16.79	5.14	8.92	24.02	46.70	—
97/07/25	0.81	17.37	−4.44	2.37	14.36	36.50	94.93	—
		6.89	−17.70	5.62	8.87	24.42	48.30	—
97/08/01	0.84	8.53	−4.26	2.51	15.45	37.87	95.99	235.50
		3.47	−17.37	6.10	9.90	25.84	49.59	30.14
97/08/08	0.85	8.53	−4.01	2.44	16.30	37.54	94.37	275.10
		3.41	−16.40	5.94	10.51	25.69	48.93	35.33
97/08/15	0.86	6.05	−3.89	2.24	16.71	38.92	94.88	286.65
		2.49	−16.05	5.53	10.88	26.88	49.64	37.15
97/08/22	0.86	0.92	−3.77	2.40	17.30	39.48	96.57	285.56
		0.39	−16.05	6.09	11.67	28.06	52.13	38.19
97/08/29	0.86	−1.66	−3.58	2.37	16.08	37.97	94.61	287.56
		−0.71	−15.37	6.07	10.92	27.17	51.43	38.73
97/09/05	0.87	−1.76	−3.37	2.49	16.38	38.31	94.53	286.11
		−0.78	−14.83	6.53	11.40	28.11	52.68	39.50
97/09/12	0.86	−4.78	−3.57	2.59	16.29	37.95	96.38	283.03
		−2.01	−15.03	6.51	10.86	26.66	51.43	37.41
97/09/19	0.86	−9.02	−3.37	2.60	17.24	38.79	97.78	282.07
		−3.89	−14.51	6.68	11.75	27.87	53.35	38.13
97/09/26	0.86	−9.16	−3.85	2.36	15.47	37.24	94.29	293.73
		−3.96	−16.58	6.05	10.58	26.72	51.43	39.69
97/10/03	0.86	−6.46	−4.87	2.21	13.39	36.74	92.11	286.65
		−2.77	−20.75	5.62	9.06	26.08	49.71	38.31

1. 政策保有株式のリスク管理

97/10/09	0.87	−2.86	−5.49	2.25	14.35	38.00	93.18	291.65
		−1.19	−22.87	5.58	9.48	26.35	49.12	38.09
97/10/17	0.84	−5.37	−5.56	2.27	14.49	38.00	97.98	292.48
		−1.99	−20.48	4.98	8.47	23.29	45.66	33.76
97/10/24	0.81	−13.32	1.08	2.18	15.10	39.86	101.88	289.83
		−4.71	3.80	4.56	8.42	23.30	45.28	31.91
97/10/31	0.81	−11.60	1.14	1.91	15.70	40.13	101.43	322.77
		−3.99	3.88	3.88	8.56	22.71	43.79	34.52
97/11/07	0.81	−11.82	0.83	1.81	14.57	39.54	101.27	319.89
		−4.00	2.80	3.61	7.82	22.03	43.04	33.68
97/11/14	0.81	−7.96	0.63	1.89	14.50	39.54	102.68	322.13
		−2.71	2.13	3.80	7.81	22.12	43.82	34.06
97/11/21	0.80	−13.04	1.14	2.05	16.06	40.76	103.64	321.64
		−4.28	3.73	3.98	8.35	22.01	42.69	32.82
97/11/28	0.73	−11.83	1.26	1.97	16.07	42.96	110.93	321.05
		−3.02	3.19	2.97	6.49	18.02	35.51	25.46
97/12/05	0.74	−5.60	1.14	1.65	16.08	44.01	115.45	317.63
		−1.42	2.85	2.46	6.44	18.30	36.61	24.95
97/12/12	0.80	−5.56	1.11	1.51	18.65	47.33	122.43	316.92
		−1.40	2.74	2.23	7.39	19.48	38.44	24.65
97/12/19	0.78	−0.85	1.04	1.11	19.28	52.27	129.53	394.23
		−0.21	2.49	1.58	7.37	20.76	39.24	29.58
97/12/26	0.79	3.92	0.87	0.56	21.95	57.76	134.63	416.18
		0.92	2.02	0.78	8.11	22.16	39.41	30.17
97/12/30	0.79	6.86	0.90	0.17	24.10	62.89	140.81	430.74
		1.55	2.02	0.23	8.61	23.32	39.83	30.18
98/01/09	0.74	9.87	0.44	−0.15	25.82	64.12	145.56	411.39
		1.80	0.78	−0.16	7.42	19.11	32.24	29.63
98/01/16	0.84	5.67	0.62	0.15	27.21	67.12	143.01	640.09
		1.28	1.38	0.20	9.64	24.68	40.12	44.48
98/01/23	0.74	6.29	0.22	0.10	28.36	68.75	146.84	448.52
		1.11	0.39	0.10	7.89	19.83	32.09	31.30
98/01/30	0.75	6.18	0.78	0.11	32.33	72.48	152.07	453.71
		1.09	1.35	0.12	8.94	20.77	33.02	32.46
98/02/06	0.75	2.71	1.21	−0.06	34.31	74.05	157.48	477.63
		0.46	2.04	−0.06	9.21	20.64	32.62	32.15
98/02/13	0.76	3.94	1.37	−0.21	34.73	75.87	158.23	473.63
		0.68	2.32	−0.21	9.43	21.39	33.15	32.37
98/02/20	0.79	1.01	1.59	−0.10	36.12	75.91	160.53	353.49
		0.21	3.24	−0.12	11.76	25.66	40.33	28.87
98/02/27	0.76	3.45	1.38	0.02	36.29	78.41	161.67	489.48
		0.59	2.32	0.02	9.76	21.89	33.55	33.02
98/03/06	0.76	3.29	1.29	0.05	37.51	79.19	163.86	495.48
		0.56	2.14	0.05	9.94	21.77	33.48	32.92
98/03/13	0.77	2.20	1.44	0.12	36.28	77.80	163.51	493.60
		0.39	2.48	0.12	9.96	22.17	34.63	33.99
98/03/20	0.76	0.07	1.28	0.28	38.62	81.23	165.92	511.38
		0.01	2.11	0.28	10.16	22.17	33.66	33.73
98/03/27	0.76	3.40	1.12	0.16	36.91	80.13	164.40	544.01
		0.55	1.77	0.15	9.34	21.04	32.08	34.51

2

与信ポートフォリオの信用リスクの計測手法

　与信ポートフォリオの信用リスク量の計測では，市場リスクの場合と同様にVaR（バリュー・アット・リスク）の枠組みでポートフォリオから発生する最大損失額ないし予期しない損失額をモデルによって算出するのが一般的なやり方となっている．本章では，デフォルト率やデフォルト事象の相関係数の推定手法，あるいはシミュレーションに用いるランダムなデフォルト事象の発生手法などを示すことを通じて，信用リスクを計量する手法を解説する．また，本章では，シミュレーションの実施を最小限に抑制しつつ，ポートフォリオのリスク量の大まかな規模を把握する手法を示し，考察を行う．

　本章の構成は次の通りである．まず，2.1節でポートフォリオの信用リスク管理する枠組みの解説を行う．次に，2.2節で，簡便に信用リスク量を把握する手法の考え方を整理し，2.3節で実際にその手法をサンプル・ポートフォリオに当てはめ，適用可能性を評価する．最後に本章の総括を行う．

2.1 ポートフォリオの信用リスクの管理・計量の枠組み

2.1.1 ポートフォリオの信用リスクの管理の枠組み

a. 信用格付制度

　国内外の多くの金融機関では，信用リスク管理を行う上での重要なインフラとして，内部で信用格付制度（いわゆる内部格付）を構築している[*1]．その

（注）本章は以下の論文がベースとなっている．
　家田明，丸茂幸平，吉羽要直：与信ポートフォリオにおける信用リスクの簡便な算出手法．金融研究，**19**(3)，日本銀行金融研究所，2000年9月．

[*1] わが国金融機関の内部格付制度についての記述があるものとしては，文献1) がある．また米銀の事情に関しては，文献11) を参照．

表 2.1 内部格付制度の具体例[*3]

格付		リスクの程度	定　　義	自己査定の債務者区分
1		実質リスク無	債務履行の確実性は極めて高い状態にある.	正常先
2		リスク僅少	債務履行の確実性は高い状態にある.	
3		リスク少	債務履行の確実性は十分である.	
4	a	平均水準比良好	債務履行の確実性は認められるが，将来環境が大きく変化した場合，その影響を受ける可能性がある.	
	b			
	c			
5	a	平均水準	債務履行の可能性は当面問題ないが，将来環境が変化した場合，その影響を受ける可能性が強い.	
	b			
	c			
6	a	許容可能レベル	債務履行の可能性は当面問題ないが，将来安全であるとは言えない.	
	b			
	c			
7		平均水準比低位	債務履行は現在問題ないが，財務内容が相対的に低位にある.	
8	A	予防的管理段階	貸出条件・履行状況に問題，業況低調ないしは不安定等，今後の管理に注意を要する.	要注意先
	B			
9		重要管理段階	今後，経営破綻に陥る可能性が大きいと認められる.	破綻懸念先
10	I		深刻な経営難の状態にあり，実質的に経営破綻に陥っている.	実質破綻先
	II		経営破綻に陥っている.	破綻先

　格付の形態としては，一般に，① 債務者のデフォルト率（例えば，先行き1年間のデフォルト率）を信用度評価の基準とする債務者ベースのもの（具体例は表2.1）と，② 案件ごとに回収率や期待損失額などを考慮したファシリティベースのものがある．ファシリティベースの格付制度でも，格付を付与する過程では，債務者などの信用度も考慮されるほか，邦銀の場合，現在は債務者ベースの格付が主体である[*2]ことから，以下では，債務者ベースの格付制度を前提に議論を進める．

　各債務者に割当てられた格付，すなわちデフォルト率は，信用リスク管理の基本となるものであり，それをもとに，個々のエクスポージャー・ベースで

[*2] 文献1)を参考にした．
[*3] 文献1)から抜粋した．

は，貸出金利などの決定や与信枠の設定などが行われるほか，ポートフォリオ・ベースでは，シミュレーション手法などを用いて，信用リスク量や内部管理上の必要自己資本額などの算出がなされる．

b．信用リスクの計量手法の概要

信用リスクの計量を行う上で必要な入力情報は，各エクスポージャーについて，デフォルト率，他のエクスポージャーとの相関，エクスポージャー金額，回収率などである[*4]．

これらの入力情報をもとに，シミュレーションなどの手法で，損失額の分布が得られ，損失額の期待値（期待損失額），分散あるいは99％タイルなどの最大損失額が算出される（図2.1参照）．最大損失額から期待損失額を控除したものが，予期しない損失額であり，予期しない損失額は経済的自己資本（economic capital）によってカバーされるべきであるというのが実務上の一般的な考え方となっている．

2.1.2 信用リスクの計量手法の具体的な内容

a．損失概念の定義（デフォルト・モードとMTM）

信用リスクの計量化には，まず損失概念の定義が必要となる．バーゼル銀行

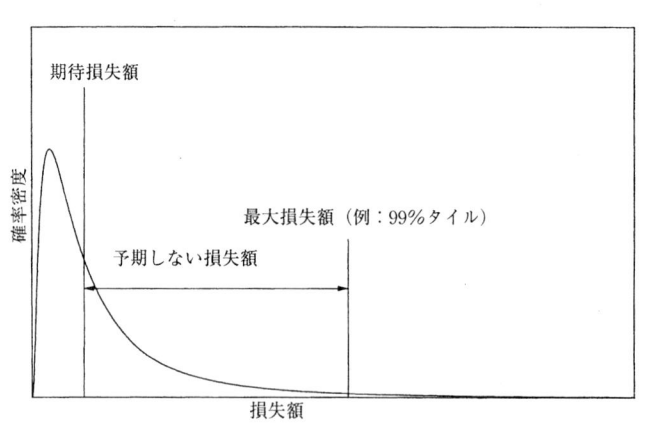

図2.1 損失額分布の密度関数の概念図

[*4] デフォルト率とデフォルト事象間の相関の推定手法は後述する．また，回収率の推定に関しては，文献1）を参照．

監督委員会は，損失の定義として次の2つをあげている[*5]．一つは，リスク評価期間内に債務者のデフォルトが生じる場合にのみ損失が発生するものと定義されるデフォルト・モード方式であり，他方は，デフォルト以前の債務者の信用度（格付）低下も考慮するMTM (mark-to-market) 方式である．例えば，ポートフォリオの損失額は，両方式では次のように表される．

1) デフォルト・モード方式

ポートフォリオに n 個のエクスポージャーがあるとする．エクスポージャー i の将来のある時点までのデフォルト率を p_i，エクスポージャー金額を v_i，デフォルト時の回収率を $r_i (0 \leq r_i \leq 1)$ とする（いずれも確定値）[*6]．このときポートフォリオの損失額 L は，1または0の値をとる確率変数

$$D_i = \begin{cases} 1 & (確率 \quad p_i) \\ 0 & (確率 \ 1-p_i) \end{cases}$$

を使って

$$L = \sum_{i=1}^{n} D_i v_i (1-r_i) \tag{2.1}$$

と表すことができる．(2.1)式で表される損失額は離散的な値をとるが，n が十分大きく，とりうる値の間隔が十分に小さいような場合には連続分布のように扱うことができる．一方，L の期待値は

$$E[L] = \sum_{i=1}^{n} p_i v_i (1-r_i)$$

と求めることができる．

2) MTM方式

エクスポージャー i が将来のある時点までに格付 $k (k=1,\cdots,m)$ に遷移する確率を $p_{k,i} (\sum_{k=1}^{m} p_{k,i}=1)$，格付 k に遷移したときの現在時点の時価との差を $dv_{k,i}$ とする（時価には回収率がインプリシットに織り込まれているとする）．このときポートフォリオの損失額 L は，$1,\cdots,m$ (m はデフォルト) の値をとる

[*5] 文献3)を参照．
[*6] これらのパラメータは，モデルの設定によっては確定値であると仮定されることも多いが，一般的にはいずれも不確実性をもつ．

確率変数

$$D_i = \begin{cases} 1 & (確率\ p_{1,i}) \\ \vdots & \vdots \\ m & (確率\ p_{m,i}) \end{cases}$$

を使って，デフォルト・モード方式と同様，(2.2) 式で表すことができる．

$$L = \sum_{i=1}^{n} dv_{D_i, i} \qquad (2.2)$$

この期待値は

$$E[L] = \sum_{i=1}^{n} \sum_{k=1}^{m} p_{k,i} dv_{k,i}$$

で与えられる．

b. デフォルト率の推定手法

信用リスクの計量化における入力情報の一つである企業のデフォルト率の推定手法には，判別分析や非線形回帰分析（例えばロジット分析やプロビット分析）などの財務情報を用いたアプローチや，債券や株の市場価格を用いてインプライドに推定するアプローチなどがある[*7]．ここでは，後者のアプローチに属するいくつかの手法を解説する．

1) オリジナルのジャロウ・ランド・ターンブル・モデル

ジャロウ，ランドおよびターンブルは，デフォルトおよび信用度（例えば，格付）の変化に関するリスク中立確率の概念を導入し，これを離散および連続時間それぞれの枠組みで，マルコフ連鎖モデルとして展開した（文献5）．以下，これをオリジナルのJLTモデルと呼ぶ．以下では，同モデルの離散時間のケースを示す．

まず，社債の信用度（例えば，格付）を表す離散的な状態変数のセットとして状態空間 $N = \{1, 2, \cdots, K, K+1\}$，および状態空間 N 上の確率過程 $\{X_t, t = 0, 1, 2, \cdots\}$ を考える．このうち，状態1は最高の信用度，状態 K は非デフォルト状態での最低の信用度，$K+1$ はデフォルト状態を表す．社債が状態 i にあ

[*7] 詳細は，例えば文献2) を参照．

り，次に状態 j に移る確率を q_{ij} と定義する．

$$q_{ij}=P\{X_{t+1}=j|X_t=i\}, \quad i,j\in N \tag{2.3}$$

あらゆる状態変化の可能性について，その実現確率を行列 Q とすると，

$$Q=\begin{pmatrix} q_{11} & q_{12} & \cdots & q_{1,K+1} \\ q_{21} & q_{22} & \cdots & q_{2,K+1} \\ \cdot\cdot & \cdot\cdot & \ddots & \cdot\cdot \\ q_{k1} & q_{k2} & \cdots & q_{K,K+1} \\ 0 & 0 & \cdots & 1 \end{pmatrix} \tag{2.4}$$

と表現できる．

次に，社債のプライシングを行うために，社債が状態 i (時間 t) から状態 j (時間 $t+1$) に移るリスク中立確率 $\tilde{q}_{ij}(t,t+1)$ を定義する．

$$\tilde{q}_{ij}(t,t+1)=\tilde{P}\{\tilde{X}_{t+1}=j|\tilde{X}_t=i\}, \quad i,j\in N \tag{2.5}$$

これらを行列形式 $\tilde{Q}_{t,t+1}$ としてまとめると，

$$\tilde{Q}_{t,t+1}=\begin{pmatrix} \tilde{q}_{11}(t,t+1) & \tilde{q}_{12}(t,t+1) & \cdots & \tilde{q}_{1,K+1}(t,t+1) \\ \tilde{q}_{21}(t,t+1) & \tilde{q}_{22}(t,t+1) & \cdots & \tilde{q}_{2,K+1}(t,t+1) \\ \cdot\cdot & \cdot\cdot & \ddots & \cdot\cdot \\ \tilde{q}_{K1}(t,t+1) & \tilde{q}_{K2}(t,t+1) & \cdots & \tilde{q}_{K,K+1}(t,t+1) \\ 0 & 0 & \cdots & 1 \end{pmatrix} \tag{2.6}$$

となる．

さて，時刻 t でのデフォルトのない満期 T の割引債価格を $v_0(t,T)$，同じくデフォルトのある割引債（時刻 t における状態を j とする）の価格を $v_j(t,T)$ とする．ここで，デフォルト過程と金利過程が独立であるという仮定と，デフォルトのある割引債がデフォルトした場合回収は常に満期に行われる（回収率 δ）という仮定をおくと，これら割引債の価格は，

$$v_0(t,T)=\tilde{E}_t\left[e^{-\int_t^T r(s)ds}|\tau_j\geq t\right] \tag{2.7}$$

$$v_j(t,T) = \widetilde{E}_t\left[e^{-\int_t^T r(s)ds}[1_{\{\tau_j > T\}} + \delta 1_{\{\tau_j \le T\}}] | \tau_j \ge t\right]$$

$$= \widetilde{E}_t\left[e^{-\int_t^T r(s)ds}\right]\widetilde{E}_t[1_{\{\tau_j > T\}} + \delta 1_{\{\tau_j \le T\}} | \tau_j \ge t] \quad (2.8)$$

と表すことができる．ここで，$\widetilde{E}_t$ はリスク中立確率による期待値演算子，$1_{\{A\}}$ は定義関数[*8] である．

したがって，$\widetilde{P}_t\{A\} = \widetilde{E}_t[1_{\{A\}}]$ であることを用いれば，

$$v_j(t,T) = v_0(t,T)[\delta + (1-\delta)\widetilde{P}_t\{\tau_j > T\}] \quad (2.9)$$

を得る．

リスク中立確率 $\widetilde{P}_t\{\tau_j > T\}$ の計算には，単位時間当たりの遷移確率行列(2.6)式から，累積時間ベースでの遷移確率行列を求める方法を使う．つまり，時間 0 から時間 n までの間に状態 i から状態 j に遷移するリスク中立確率 $\tilde{q}_{ij}(0,n)$ を求める場合，行列 $\widetilde{Q}_{0,n}$ を

$$\widetilde{Q}_{0,n} = \widetilde{Q}_{0,1}\widetilde{Q}_{1,2}\widetilde{Q}_{2,3}\cdots\widetilde{Q}_{n-1,n} \quad (2.10)$$

として算出し，その (i,j) 成分を $\tilde{q}_{ij}(0,n)$ とすればよい．

このためには，各単位時間当たりの遷移確率行列の成分を求めることが必要となる．そこで，現実の確率とリスク中立確率に関して，状態間遷移のリスクプレミアムを

$$\pi_{ij}(t) \equiv \frac{\tilde{q}_{ij}(t,t+1)}{q_{ij}} \quad (2.11)$$

と定義する（リスク中立確率と現実の確率の比率として定義）．次に，q_{ij} は例えば格付機関などから公表されている格付遷移行列（あるいは内部格付から作成した格付遷移行列）を使用し，リスクプレミアム $\pi_{ij}(t)$ は市場で観測可能な金融商品から推定することによって，リスク中立ベースでの遷移行列を算出するとのアプローチをとる．

[*8] 事象 A が実現したときは 1，それ以外は 0 をとる確率変数である．

しかし，現実の市場では，あらゆる状態間遷移について $\pi_{ij}(t)$ を算出するのは困難である．例えば，時点 0 でのリスクプレミアムについてみると，非デフォルト状態からデフォルト状態への遷移確率に関するプレミアムである $\pi_{j,K+1}(0)$ は，

$$\tilde{P}_0\{\tau_j \leq T\} = 1 - \tilde{P}_0\{\tau_j > T\}$$
$$= \frac{v_0(0,T) - v_j(0,T)}{(1-\delta)v_0(0,T)} \quad (2.12)$$

$$\tilde{P}_0\{\tau_j \leq 1\} = \tilde{q}_{j,K+1}(0,1) = \pi_{j,K+1}(0)q_{j,K+1} \quad (2.13)$$

という関係を用いれば，回収率 δ を既知として，デフォルトのある割引債価格とデフォルトのない割引債価格から

$$\pi_{j,K+1}(0) = \frac{v_0(0,1) - v_j(0,1)}{(1-\delta)v_0(0,1)q_{j,K+1}} \quad (2.14)$$

と求められる．

一方，非デフォルト状態間の遷移確率に関するプレミアムである $\pi_{ji}(0)$ （ただし，$i \neq K+1$）については，現実の市場では非デフォルト状態間の遷移確率をベースとした金融商品の取引がほとんどないとみられる[*9]ので，推定は極めて困難である．

そこで，非デフォルト状態からデフォルト状態への遷移確率に関するリスクプレミアムは基本的に推定可能であることを前提に，それ以外のリスクプレミアムは，当初の状態 i だけに依存して決まり，遷移後の状態 j には依存しない（$i \neq j$ の場合）と仮定し，遷移後の状態 j が当初の状態 i と等しい（同一状態間遷移）場合のみ，その遷移確率を $\sum_{j=1}^{K+1}\tilde{q}_{ij}(t,t+1) = 1$ から計算するとの扱いにする．つまり

$$\pi_{ij}(t) = \pi_i(t), \quad i \neq j \quad (2.15)$$

[*9] 例えば，ある企業がデフォルトした場合にペイオフが変化する金融商品は（デリバティブズを含め）一般的であるが，格付のみが変化した場合にペイオフが変化するような金融商品は現在はほとんど取引されていないと考えられる．

とおく．これによって，リスク中立確率と現実の確率は，リスクプレミアムを通じて

$$\tilde{q}_{ij}(t,t+1)=\begin{cases} \pi_i(t)q_{ij}, & i \neq j \\ 1-\pi_i(t)(1-q_{ii}), & i=j \end{cases} \quad (2.16)$$

と関係づけられる．

さて，確率の定義から

$$0 \leq \tilde{q}_{ij}(t,t+1) \leq 1, \quad i,j \in N \quad (2.17)$$

であるので，リスクプレミアムは次の範囲の値をとる．

$$0 \leq \pi_i(t) \leq \frac{1}{1-q_{ii}} \quad (2.18)$$

2) 改良型ジャロウ・ランド・ターンブル・モデル

1) で示した枠組みを使うと，時刻 t でのリスクプレミアム $\pi_i(0)$ は

$$\pi_i(0) = \frac{v_0(0,1)-v_i(0,1)}{(1-\delta)v_0(0,1)q_{i,K+1}} \quad (2.19)$$

ただし，

$$0 \leq \pi_i(0) \leq \frac{1}{1-q_{ii}} \quad (2.20)$$

と計算される．

ここで問題となるのは，(2.19) 式の分母に非デフォルト状態からデフォルト状態への遷移確率 $q_{i,K+1}$ が含まれている点である．一般に，格付 i が十分高い場合，$q_{i,K+1}$ はほぼ 0 となる．したがって，現実の遷移確率を前提とすると，リスクプレミアムの推定の過程で (2.20) 式の制約に容易に抵触してしまうため，リスク中立確率の推定も不可能となるという実務上の問題が発生するのである．

こうした中，木島と小守林は，リスクプレミアムの推定における前提に改良

を加え,オリジナルの JLT モデルの問題点を克服することに成功した(文献8).以下,これを改良型 JLT モデルと呼ぶ.

改良型 JLT モデルでは,リスクプレミアムに関する仮定を

$$\pi_{ij}(t) = l_i(t), \quad j \neq K+1 \tag{2.21}$$

とおく.すなわち,オリジナルの JLT モデルと同様に,リスクプレミアムは,当初の状態 i だけに依存して決まり,遷移後の状態 j には依存しないと仮定するが,遷移後の状態 j がデフォルト状態の場合のみ,その遷移確率を $\sum_{j=1}^{K+1} \tilde{q}_{ij}(t,t+1) = 1$ から計算するとの扱いをとる.これによって,リスク中立確率と現実の確率は,リスクプレミアムを通じて

$$\tilde{q}_{ij}(t,t+1) = \begin{cases} l_i(t) q_{ij}, & j \neq K+1 \\ 1 - l_i(t)(1 - q_{i,K+1}), & j = K+1 \end{cases} \tag{2.22}$$

と関係づけられる.

改良型 JLT モデルで上記のような仮定をおいたのは,次のような背景に基づいている.時刻 0 におけるリスクプレミアム $l_j(0)$ を求める場合,まず,

$$\tilde{P}_0\{\tau_j \leq 1\} = \tilde{q}_{j,K+1}(0,1) = 1 - l_j(0)(1 - q_{j,K+1}) \tag{2.23}$$

となるが,これと (2.12) 式を用いれば,

$$l_j(0) = \frac{1}{1 - q_{j,K+1}} \frac{v_j(0,1) - \delta v_0(0,1)}{(1-\delta) v_0(0,1)} \tag{2.24}$$

ただし,

$$0 \leq l_j(t) \leq \frac{1}{1 - q_{j,K+1}} \tag{2.25}$$

が得られる.(2.24) 式右辺の分母をみると,$q_{j,K+1}$ は $1 - q_{j,K+1}$ という形で式内に入っているため,格付 j が十分高く $q_{j,K+1}$ がほぼ 0 となったとしても,リスクプレミアムが過大になるという問題は回避される((2.19) 式と比較するとわかりやすい).

このように $l_j(0)$ が求まると，各時点 t のリスクプレミアム $l_j(t)$ は

$$l_j(t) = \frac{1}{1-q_{j,K+1}} \sum_{k=1}^{K} \tilde{q}_{jk}^{-1}(0,t) \frac{v_k(0,t+1) - \delta v_0(0,t+1)}{(1-\delta)v_0(0,t+1)} \qquad (2.26)$$

ただし，$\tilde{q}_{jk}^{-1}(0,t)$ は遷移行列 $\tilde{Q}(0,t)$ の逆行列 $\tilde{Q}^{-1}(0,t)$ の (j,k) 成分

と計算される（証明はここでは省略する）．

これにより，リスクプレミアム $l_j(t)$ と累積遷移確率 $\tilde{q}_{jk}(0,t)$ を，反復計算を行うことによって交互に得ることができる．

3) ロングスタッフとシュワルツのモデル

ロングスタッフとシュワルツのモデルは，デフォルトの発生が企業価値の確率過程によって決まるという構造を仮定し，モデル化したものである（文献9）．以下，LS モデルと呼ぶ）[*10]．具体的には，企業がデフォルト状態に陥るのは，確率過程に従う企業価値 V が一定の水準 K を下回った場合であるとのメカニズムを想定し，それをもとに信用リスクのある金融商品の価格が満たす関係式を導出する．

企業価値 V は以下の対数正規過程に従うとする（リスク中立ベースでの表現．r は無リスク金利，σ はボラティリティ，Z_1 はウィナー過程である）．

$$dV = rVdt + \sigma V dZ_1 \qquad (2.27)$$

また，無リスク金利 r は次の確率過程に従うと仮定する（リスク中立ベースでの表現．α, β は中心回帰性を表すパラメータ，η はボラティリティ，Z_2 はウィナー過程である）．

$$dr = (\alpha - \beta r)dt + \eta dZ_2 \qquad (2.28)$$

[*10] このため，ロングスタッフとシュワルツのモデルは，信用リスクのある金融商品の各種プライシング・モデルの中で構造モデル（structural model）に分類される．信用リスクのある金融商品のプライシング・モデルには，この他に，誘導型モデル（reduced-form model）という類型がある．これは，デフォルトの発生がポアソン過程で記述されることを先験的に仮定したもので，本章で解説する JLT モデルもこれに含まれる．これらは，デフォルト発生のメカニズムには立ち入らず，デフォルト確率（default probability, default intensity）という情報のみに基づいて説明を行うことから誘導型モデルと呼称されている．

2.1 ポートフォリオの信用リスクの管理・計量の枠組み

さらに、これら2つの確率過程の間には以下のような相関があると仮定する（ρは相関係数である）．

$$dZ_1 dZ_2 = \rho dt \tag{2.29}$$

このとき、信用リスクのある金融商品の価格をHとすると、それは次の偏微分方程式を満たす．

$$\frac{\sigma^2 V^2}{2}\frac{\partial^2 H}{\partial V^2} + \rho\sigma\eta V \frac{\partial^2 H}{\partial V \partial r} + \frac{\eta^2}{2}\frac{\partial^2 H}{\partial r^2} + rV\frac{\partial H}{\partial V} + (\alpha - \beta r)\frac{\partial H}{\partial r} - rH = \frac{\partial H}{\partial t} \tag{2.30}$$

(2.30) 式は、信用リスクのある金融商品の満期におけるペイオフを境界条件として解くことができる．この偏微分方程式を任意の商品について解析的に解くことは不可能であるが、信用リスクのある割引債では、解析解を導出可能である．

以下では信用リスクのある割引債の解を示しておく．状態変数として$X = V/K$を定義すると、信用リスクのある割引債（満期T）の価格$P_t(X, r, T)$は、損失率（＝1－回収率）をwとして、無リスクの割引債価格$D(r, T)$、リスク中立確率下でのデフォルト確率$Q(X, r, T)$によって次のように表せる[*11]．

$$P_t(X, r, T) = D(r, T) - wD(r, T)Q(X, r, T) \tag{2.31}$$

ここで、無リスクの割引債価格$D(r, T)$は、次式で表される．

$$D(r, T) = \exp\{A(T) - B(T)r\}$$

ただし、$A(T)$, $B(T)$は次の関係式を満たす．

$$A(T) = \left(\frac{\eta^2}{2\beta^2} - \frac{\alpha}{\beta}\right)T$$

[*11] 以下、原論文である文献9)に従って、$P_t(X_t, T)$, $Q(X, r, T)$などには引数としてボラティリティσを明示しない．

$$+\left(\frac{\eta^2}{\beta^3}-\frac{\alpha}{\beta^2}\right)\{\exp(-\beta T)-1\}-\left(\frac{\eta^2}{4\beta^3}\right)\{\exp(-2\beta T)-1\}$$

$$B(T)=\frac{1-\exp(-\beta T)}{\beta}$$

また,(2.31)式におけるリスク中立確率下でのデフォルト確率 $Q(X,r,T)$ は,次の関数 $Q(X,r,T,n)$ の $n\to\infty$ での極限値である.

$$Q(X,r,T,n)=\sum_{i=1}^{n}q_i$$

ただし,各 q_i は次のように表される.

$$q_1=N(a_1)$$
$$q_i=N(a_i)-\sum_{j=1}^{i-1}q_jN(b_{ij}),\quad i=2,3,\cdots,n$$

ここで,$N(\cdot)$ は標準正規分布の累積分布関数であり,引数の a_i,b_{ij} は次の関係式を満たす.

$$a_i=\frac{-\ln X-M(iT/n,T)}{\sqrt{S(iT/n)}}$$

$$b_{ij}=\frac{M(jT/n,T)-M(iT/n,T)}{\sqrt{S(iT/n)-S(jT/n)}}$$

ただし,$M(t,T)$,$S(t)$ は以下の関係を満たす.

$$M(t,T)=\left(\frac{\alpha-\rho\sigma\eta}{\beta}-\frac{\eta^2}{\beta^2}-\frac{\sigma^2}{2}\right)t+\left(\frac{\rho\sigma\eta}{\beta^2}+\frac{\eta^2}{2\beta^3}\right)\exp(-\beta T)\{\exp(\beta t)-1\}$$
$$+\left(\frac{r}{\beta}-\frac{\alpha}{\beta^2}+\frac{\eta^2}{\beta^3}\right)\{1-\exp(-\beta t)\}-\left(\frac{\eta^2}{2\beta^3}\right)\exp(-\beta T)\{1-\exp(-\beta t)\}$$

$$S(t)=\left(\frac{\rho\sigma\eta}{\beta}+\frac{\eta^2}{\beta^2}+\sigma^2\right)t-\left(\frac{\rho\sigma\eta}{\beta^2}+\frac{2\eta^2}{\beta^3}\right)\{1-\exp(-\beta t)\}$$
$$+\left(\frac{\eta^2}{2\beta^3}\right)\{1-\exp(-2\beta t)\}$$

c. 相関係数の推定手法

デフォルト事象の相関係数を推定する手法には,主に,企業の資産価値モデルを用いるものと社債のヒストリカルなデフォルト・データを用いるものがある.ここでは,これら2つの手法を概説する.

1) 企業の資産価値モデルを用いる手法

文献10）の考え方に従って，企業の資産価値がある水準以下に低下した場合に，デフォルトが発生すると考える．つまり，企業の資産価値にデフォルトと非デフォルトの境界となる閾値が存在するとする．

その上で，企業の資産価値の収益率が，標準正規分布に従うと仮定してモデル化を行う．つまり，企業 i のデフォルト率を p_i とすると，デフォルト・非デフォルトの閾値は，$\Phi^{-1}(\cdot)$ を標準正規分布の累積密度関数の逆関数として，$\Phi^{-1}(p_i)$ で与えられる．これを用いれば，企業 i と企業 j の同時デフォルト率 p_{ij} は，

$$p_{ij} = \int_{-\infty}^{\Phi^{-1}(p_i)} \int_{-\infty}^{\Phi^{-1}(p_j)} \frac{1}{2\pi\sqrt{1-r^2}} \exp\left\{-\frac{1}{2(1-r^2)}(x_i^2 + x_j^2 - 2rx_ix_j)\right\} dx_i dx_j \tag{2.32}$$

ただし，r は企業 i,j の資産収益率[*12]の相関係数

で与えられる．

これによって，企業 i と企業 j のデフォルト事象の相関係数 ρ_{ij}^D は (2.33) 式により求められる[*13]．

$$\rho_{ij}^D = \frac{p_{ij} - p_i p_j}{\sqrt{p_i(1-p_i)}\sqrt{p_j(1-p_j)}} \tag{2.33}$$

2) 債券のデフォルト・データを用いる手法

債券のデフォルト・データを用いて，相関係数の計算を行う方法を解説する．例えば格付機関が公表している格付ごとの債券のデフォルト・データ[*14]に対してこの手法を適用することによって，同一格付内または異なる格付間の平均的なデフォルト事象の相関の水準を求めることができる．

（1） 同一格付内の相関[*15]： まず，同一のデフォルト率（同じ格付）を

[*12] CreditMetrics（文献6））では，企業の株価収益率を資産収益率の代理変数として使用し，相関係数の計算を行う枠組みを採用している．

[*13] 文献12) は，この手法を拡張し，first-passage-time モデルを用いたデフォルト事象の相関係数の算出方法を提示した．

[*14] 例えば文献7) を参照．

[*15] ここは，文献6) の Appendix F を参考にした．

もつ N 先の企業を考える．D_i を企業 i がデフォルトしたときに 1，デフォルトしなかった場合に 0 をとる確率変数とする．また，平均デフォルト率を p，デフォルトの標準偏差を σ とする．このとき，次のような関係がある．

$$D_i = \begin{cases} 1 & (i : \text{default}) \\ 0 & (\text{otherwise}) \end{cases} \tag{2.34}$$

$$p = \frac{1}{N}\sum_{i=1}^{N} D_i \tag{2.35}$$

$$\sigma = \sqrt{p(1-p)} \tag{2.36}$$

S をデフォルト総数，すなわち，$S = \sum_{i=1}^{N} D_i$ とすると，S の分散は次のようになる．

$$\begin{aligned} Var(S) &= \sum_{i=1}^{N}\sum_{j=1}^{N} \rho_{ij}\sigma^2 \\ &= \sum_{i=1}^{N}\sum_{j=1}^{N} \rho_{ij}p(1-p) \\ &= p(1-p)\left(N + 2\sum_{i=1}^{N}\sum_{j<i}\rho_{ij}\right) \end{aligned} \tag{2.37}$$

ここで，企業間のデフォルト相関を ρ_{ij} とし，$\rho_{ii}=1$，$\rho_{ji}=\rho_{ij}$ という関係を用いた．企業間のデフォルト相関 ρ_{ij} ではなく，平均的なデフォルト相関 $\bar{\rho}$ を考えると，$\bar{\rho}$ は次のように定義できる．

$$\bar{\rho} = \frac{2\sum_{i=1}^{N}\sum_{j<i}\rho_{ij}}{N(N-1)} \tag{2.38}$$

これを用いて S の分散を表すと，

$$Var(S) = p(1-p)[N + N(N-1)\bar{\rho}] \tag{2.39}$$

となる．一方，デフォルトのボラティリティ σ は，$\sigma^2 = Var(S/N)$ という関係にあることから，

$$\sigma^2 = Var\left(\frac{S}{N}\right) = \frac{Var(S)}{N^2}$$

2.1 ポートフォリオの信用リスクの管理・計量の枠組み

$$= p(1-p)\frac{1+(N-1)\bar{\rho}}{N} \qquad (2.40)$$

となる.これを変形することで,平均的なデフォルト相関 $\bar{\rho}$ が

$$\bar{\rho} = \frac{\{N\sigma^2/p(1-p)\}-1}{N-1} \qquad (2.41)$$

と表されることがわかる.

N が十分大きいときには,(2.41)式は次のように近似できる.

$$\bar{\rho} \cong \frac{\sigma^2}{p(1-p)} \qquad (2.42)$$

(2) 異なる格付間の相関: 同様に,異なる格付 k と l に対して,$D_{k,i}$,$D_{l,j}$ をそれぞれ企業 i,企業 j がデフォルトしたときに1,デフォルトしなかった場合に0をとる確率変数とする.格付 k と l に,それぞれ N 先,M 先あるとする.ここで,デフォルト総数 S_k,S_l,平均デフォルト率 p_k,p_l を次のように定義する.

$$S_k = \sum_{i=1}^{N} D_{k,i}, \quad S_l = \sum_{j=1}^{M} D_{l,j} \qquad (2.43)$$

$$p_k = \frac{1}{N}\sum_{i=1}^{N} D_{k,i}, \quad p_l = \frac{1}{M}\sum_{j=1}^{M} D_{l,j} \qquad (2.44)$$

異なる格付 k と l に関する平均的なデフォルト相関 $\bar{\rho}_{kl}$ を次のように定義する.

$$\bar{\rho}_{kl} = \frac{\sum_{i=1}^{N}\sum_{j=1}^{M} \rho_{ij}}{NM} \qquad (2.45)$$

このとき,S_k と S_l の共分散は(2.39)式と同様に次のようになる.

$$Cov(S_k, S_l) = \sum_{i=1}^{N}\sum_{j=1}^{M} \rho_{ij}\sqrt{p_k(1-p_k)}\sqrt{p_l(1-p_l)}$$
$$= \sqrt{p_k(1-p_k)}\sqrt{p_l(1-p_l)}\bar{\rho}_{kl}NM \qquad (2.46)$$

一方,

$$\frac{Cov(S_k, S_l)}{NM} = Cov\left(\frac{S_k}{N}, \frac{S_l}{M}\right) = Cov(p_k, p_l) \tag{2.47}$$

となることから，格付間の平均的なデフォルト相関 $\bar{\rho}_{kl}$ は以下で表される．

$$\bar{\rho}_{kl} = \frac{Cov(p_k, p_l)}{\sqrt{p_k(1-p_k)}\sqrt{p_l(1-p_l)}} \tag{2.48}$$

d. 最大損失額の算出手法

ポートフォリオの信用リスクの計量化は，上述したように損失の概念を定義した上で，デフォルト率，相関を推定し，さらに回収率などを入力パラメータ[*16)]として与えることによって，一定の信頼区間のもとでのポートフォリオの最大損失額を算出することによって行われることが多い．最大損失額の推定には，主にモンテカルロ・シミュレーションによるアプローチと損失額の分布を解析的に求めるアプローチがある．

1) モンテカルロ・シミュレーションを用いる手法

これは，特定の損失額分布を仮定することなく，モンテカルロ・シミュレーションで多数の損失発生のサンプルを生成し，それらの損失額分布を生成することにより，最大損失額などを推定するアプローチである．

デフォルトの定義（デフォルト・モード方式かMTM方式か）によって，当然のことながらシミュレーションの手続きも異なってくる（後者の具体例としては，CreditMetrics（文献6）があげられる）．以下では，次節以降で行うモンテカルロ・シミュレーションにおけるデフォルト事象をランダムに発生させる手法を解説する[*17)]．

まず，ポートフォリオ内のエクスポージャー i のデフォルト・非デフォルトをベルヌーイ乱数 D_i で表す．

$$D_i = \begin{cases} 1 & (\text{確率 } p_i) \\ 0 & (\text{確率 } 1-p_i) \end{cases} \tag{2.49}$$

$D_i (i=1,2,\cdots,n)$ は，ポートフォリオ（n 個のエクスポージャーから構成さ

[*16)] モデルの構築では，シミュレーション負担などのため，これらのパラメータは相互に独立であると仮定されることが多い．
[*17)] 本章では，デフォルトの定義としてデフォルト・モード方式を採用する（後述）．

れる）内のエクスポージャー i が確率 p_i で1（デフォルト），確率 $1-p_i$ で 0（非デフォルト）という値をとる．$i \neq j$ のとき，それぞれのデフォルト率 p_i, p_j が等しいとは限らず，またエクスポージャーのデフォルト事象の相関係数 ρ_{ij} も一律であるとは限らない．

以下では，正規分布を介して，ベルヌーイ乱数を発生させる手法を与える．この場合の乱数発生法は次のようになる．

まず，$D_i, D_j (i \neq j)$ は，標準正規分布に従う確率変数 X_i, X_j を使って，

$$D_i = \begin{cases} 1 & (-\infty < X_i \leq \Phi^{-1}(p_i)) \\ 0 & (\Phi^{-1}(p_i) < X_i < \infty) \end{cases} \quad (2.50)$$

$$D_j = \begin{cases} 1 & (-\infty < X_j \leq \Phi^{-1}(p_j)) \\ 0 & (\Phi^{-1}(p_j) < X_j < \infty) \end{cases} \quad (2.51)$$

と表される．D_i, D_j の相関係数が ρ_{ij} であるとすると，

$$\rho_{ij} = \frac{E[D_i D_j] - p_i p_j}{\sqrt{p_i(1-p_i)}\sqrt{p_j(1-p_j)}} \quad (2.52)$$

という関係が成立する．また，X_i, X_j の相関係数を $\tilde{\rho}_{ij}$ とすると，ρ_{ij} と $\tilde{\rho}_{ij}$ の間には $E[D_i D_j]$ を介して

$$E[D_i D_j] = \int_{-\infty}^{\Phi^{-1}(p_i)} \int_{-\infty}^{\Phi^{-1}(p_j)} \frac{1}{2\pi\sqrt{1-\tilde{\rho}_{ij}^2}} \exp\left\{-\frac{1}{2(1-\tilde{\rho}_{ij}^2)}(x_i^2 + x_j^2 - 2\tilde{\rho}_{ij} x_i x_j)\right\} dx_i dx_j \quad (2.53)$$

という関係が成立する．これをもとに $\tilde{\rho}_{ij}$ をすべての $i \neq j$ について求めることにより，標準正規確率変数 $X_1, \cdots, X_n$ の相関行列が与えられ，$D_1, \cdots, D_n$ が得られる．

2) 損失額の分布を解析的に求めるアプローチ

これは，個別エクスポージャーの損失額分布などに仮定を与え，ポートフォリオ全体の損失額の分布を解析的に求めるアプローチである（この具体例は，CreditRisk+（文献4））である）．

以下では，解析的な手法の一例として，個々のエクスポージャーの金額，デフォルト率およびデフォルト相関が等しいポートフォリオ（均一ポートフォリオと呼ぶ）の最大損失額を解析的に求める手法を解説する．

均一ポートフォリオでは，1先当たりのエクスポージャー額が等しいため，

定められた確率（例えば，99%，99.9%）で何先がデフォルトするかにより最大損失額を求めることができる．すなわち，N 先のうち n 先デフォルトする確率を P_n^N とすると，99% 最大損失額を求める場合，$\sum_{n=0}^{m} P_n^N \geq 0.99$ となる最小の m を求めれば，1 先当たりのエクスポージャー額 v とかけ合わせた mv が 99% 最大損失額となる．

そこで，N 先のうち n 先デフォルトする確率 P_n^N を求めることを考える．1 先当たりのデフォルト確率を p とする．$\Phi(\cdot)$ を標準正規分布の累積密度関数として，$a = \Phi^{-1}(p)$ とおくと，P_n^N は正規分布を介して (2.54) 式のように表現できる．

$$P_n^N = \Pr\{X_1 \leq a, \cdots, X_n \leq a, a < X_{n+1}, \cdots, a < X_N\}{}_N C_n \quad (2.54)$$
$$\text{ただし，} X_i \sim N(0,1), \quad Cor(X_i, X_j) = \tilde{\rho} \, (i \neq j)$$

ここで，${}_N C_n$ は N 個のうち n 個を選ぶ組合せの数である．

確率変数 X_i には (2.54) 式のように相関があり，互いに独立ではない．これは互いに独立な確率変数 U, V_i を使って，

$$X_i = \sqrt{\tilde{\rho}}\, U + \sqrt{1-\tilde{\rho}}\, V_i, \quad U, V_i \sim N(0,1) \, i.i.d. \quad (2.55)$$

と書き直すことができる．(2.54) 式と (2.55) 式を用いると P_n^N は，

$$\begin{aligned}
P_n^N &= \Pr\{\sqrt{1-\tilde{\rho}}\, V_1 \leq a - \sqrt{\tilde{\rho}}\, U, \cdots, \sqrt{1-\tilde{\rho}}\, V_n \leq a - \sqrt{\tilde{\rho}}\, U, \\
&\quad a - \sqrt{\tilde{\rho}}\, U < \sqrt{1-\tilde{\rho}}\, V_{n+1}, \cdots, a - \sqrt{\tilde{\rho}}\, U < \sqrt{1-\tilde{\rho}}\, V_N\}{}_N C_n \\
&= \int_{-\infty}^{\infty} \Pr\{\sqrt{1-\tilde{\rho}}\, V_1 \leq a - \sqrt{\tilde{\rho}}\, u, \cdots, \sqrt{1-\tilde{\rho}}\, V_n \leq a - \sqrt{\tilde{\rho}}\, u, \\
&\quad a - \sqrt{\tilde{\rho}}\, u < \sqrt{1-\tilde{\rho}}\, V_{n+1}, \cdots, a - \sqrt{\tilde{\rho}}\, u < \sqrt{1-\tilde{\rho}}\, V_N\} \phi(u) du \, {}_N C_n \quad (2.56)
\end{aligned}$$

と変形できる．ただし，$\phi(u)$ は標準正規分布の確率密度関数である．

(2.56) 式はさらに変形して，

$$\begin{aligned}
P_n^N &= \int_{-\infty}^{\infty} \Pr\{\sqrt{1-\tilde{\rho}}\, V_1 \leq a - \sqrt{\tilde{\rho}}\, u\} \cdots \Pr\{\sqrt{1-\tilde{\rho}}\, V_n \leq a - \sqrt{\tilde{\rho}}\, u\} \\
&\quad \Pr\{a - \sqrt{\tilde{\rho}}\, U < \sqrt{1-\tilde{\rho}}\, V_{n+1}\} \cdots \Pr\{a - \sqrt{\tilde{\rho}}\, U < \sqrt{1-\tilde{\rho}}\, V_N\} \phi(u) du \, {}_N C_n \\
&= \int_{-\infty}^{\infty} \Phi\left(\frac{a - \sqrt{\tilde{\rho}}\, u}{\sqrt{1-\tilde{\rho}}}\right) \cdots \Phi\left(\frac{a - \sqrt{\tilde{\rho}}\, u}{\sqrt{1-\tilde{\rho}}}\right) \left\{1 - \Phi\left(\frac{a - \sqrt{\tilde{\rho}}\, u}{\sqrt{1-\tilde{\rho}}}\right)\right\} \cdots
\end{aligned}$$

$$\cdots \left\{1 - \Phi\left(\frac{\alpha - \sqrt{\tilde{\rho}}u}{\sqrt{1-\tilde{\rho}}}\right)\right\} \phi(u) du_N C_n$$

$$= \int_{-\infty}^{\infty} \left\{\Phi\left(\frac{\alpha - \sqrt{\tilde{\rho}}u}{\sqrt{1-\tilde{\rho}}}\right)\right\}^n \left\{1 - \Phi\left(\frac{\alpha - \sqrt{\tilde{\rho}}u}{\sqrt{1-\tilde{\rho}}}\right)\right\}^{N-n} \phi(u) du_N C_n \qquad (2.57)$$

となる．この変形には V_i が互いに独立であることを使った．

したがって，例えば，99%最大損失額を求めたい場合には，

$$\sum_{n=0}^{m} \int_{-\infty}^{\infty} \left\{\Phi\left(\frac{\alpha - \sqrt{\tilde{\rho}}u}{\sqrt{1-\tilde{\rho}}}\right)\right\}^n \left\{1 - \Phi\left(\frac{\alpha - \sqrt{\tilde{\rho}}u}{\sqrt{1-\tilde{\rho}}}\right)\right\}^{N-n} \phi(u) du_N C_n \geq 0.99 \qquad (2.58)$$

となる最小の m を求めた上で，1先当たりのエクスポージャー額 v とかけ合わせた mv が99%最大損失額となる．

2.2 信用リスクの簡便な計量手法の枠組み

さて，信用リスクモデルでシミュレーションを行う場合，特に与信エクスポージャー数が数万〜数十万の規模に達する金融機関では，計算負荷が膨大となるため，大規模なコンピュータを使用しても，リスク量などの計算結果を得るまでに長時間を要してしまうという問題点がある．ここでは，こうした問題意識から与信ポートフォリオの信用リスクをある程度簡便なやり方で把握する枠組みを検討する．

2.2.1 標準偏差ベースでのリスク計量アプローチ

a. 枠組みの概要

与信ポートフォリオの最大損失額や予期しない損失額は，上述したように，損失額の分布をモンテカルロ・シミュレーションによって導出し，一定の信頼区間（例えば99%タイル）を仮定した上で求められることが多い．なお，以下では，便宜的に最大損失額と予期しない損失額を区別せずに UL (unexpected loss) という記号で表すこととする．

ここでは，シミュレーションで UL を求めるアプローチではなく，まずは損失額分布の標準偏差（ここでは VL (volatility of loss) と呼ぶ）を考える．

なお，本章では，損失の定義を「デフォルトした場合のみの簿価価値からの評価損」（デフォルト・モード方式）とし，格付の上げ下げにともなう市場価値変動の効果は捨象する．また，エクスポージャー金額と回収率も確定値とする．この場合エクスポージャー金額は，担保などによって回収が可能な金額を十分保守的に見積もった上で差引いた額とし，残りの部分の回収率は一律0%であると仮定する．つまり，本章でリスク評価の対象となるエクスポージャーはすべて，いわゆる裸与信である．さらに，デフォルト率は，リスク評価期間を1年と想定し，1年間の累積デフォルト率であるとする．

以下では，内部格付の基準であるデフォルト率は，各格付内で一定値であるとの仮定をおいた上で，各格付のサブポートフォリオのリスクを考察する．

b. 与信の分散・集中がリスクに与える影響

格付 k のデフォルト率を p_k，格付 k 内の各エクスポージャーを $v_{k,i}(i=1,2,\cdots)$ とする．同一格付のサブポートフォリオの VL_k は，エクスポージャー i,j $(i \neq j)$ のデフォルト事象に関する相関を ρ_{ij} とし，個々のエクスポージャーのVLを $VL_{k,i}$ とすると，デフォルトはベルヌーイ事象であるので

$$VL_k = \sqrt{\sum_i VL_{k,i}^2 + 2\sum_{i<j}\rho_{ij}VL_{k,i}VL_{k,j}} \qquad (2.59)$$

ただし，$VL_{k,i} = \sqrt{p_k(1-p_k)v_{k,i}^2} = \sqrt{p_k(1-p_k)}\,v_{k,i}$

となる．これは

$$\begin{aligned}
VL_k &= \sqrt{\sum_i p_k(1-p_k)v_{k,i}^2 + 2\sum_{i<j}p_k(1-p_k)\rho_{ij}v_{k,i}v_{k,j}} \\
&= \sqrt{p_k(1-p_k)}\sqrt{\sum_i v_{k,i}^2 + 2\sum_{i<j}\rho_{ij}v_{k,i}v_{k,j}} \\
&= \sqrt{p_k(1-p_k)}\sum_i v_{k,i}\frac{\sqrt{\sum_i v_{k,i}^2 + 2\sum_{i<j}\rho_{ij}v_{k,i}v_{k,j}}}{\sum_i v_{k,i}} \\
&= \sqrt{p_k(1-p_k)}\sum_i v_{k,i}\frac{\sqrt{\sum_i v_{k,i}^2}}{\sum_i v_{k,i}}\sqrt{1+\frac{2\sum_{i<j}\rho_{ij}v_{k,i}v_{k,j}}{\sum_i v_{k,i}^2}} \qquad (2.60)
\end{aligned}$$

と変形することができる．

ここで (2.60) 式の $\sqrt{\sum_i v_{k,i}^2}/\sum_i v_{k,i}$（0から1の間の数字をとる）は，格付 k 内に含まれるエクスポージャーの数を一定とすると，各エクスポージャーの大きさが等しい，均一なポートフォリオである場合にその水準が最低となる．また，与信の集中が進むとその水準は1に近づく．したがって，$\sqrt{\sum_i v_{k,i}^2}/$

$\sum_i v_{k,i}$ はポートフォリオの集中・分散度合を表すファクターと考えることができ，本章ではこれをコンセントレーション・ファクター（CF）と呼ぶ．さらに，(2.60) 式右辺の最後の CF×$\sqrt{\ }$ の部分を拡張コンセントレーション・ファクター（拡張 CF）と呼ぶ．

$$拡張 CF = \sqrt{\frac{\sum_i v_{k,i}^2 + 2\sum_{i<j} \rho_{ij} v_{k,i} v_{k,j}}{\left(\sum_i v_{k,i}\right)^2}} \qquad (2.61)$$

さて，(2.61) 式の CF×$\sqrt{\ }$ の部分（拡張 CF）で注意しなければならないのは，CF と $\sqrt{\ }$ の部分を分離して考えてはいけない点である．例えば，ポートフォリオの分散化が進むと CF はゼロに近づいていくが，その際すべてのエクスポージャー間のデフォルト相関が 1 となる場合を想定すると，拡張 CF は常に 1 となるわけで，単に分散化しているという面をとらえただけではリスク量が抑制されているとはいえないことになる．したがって，エクスポージャー間のデフォルトの相関がゼロでない通常のポートフォリオの場合には，拡張 CF でポートフォリオの集中・分散度合を評価することが必要であるといえる．

c． デフォルト事象の相関

エクスポージャー間のデフォルト事象の相関係数は，上述のように，例えば株価の相関係数を利用して推定することが可能である[*18]が，エクスポージャーの個数が多くなると，すべてのペアの相関係数を求めることは実務的には必ずしも容易ではなくなる．しかし，仮に，相関係数の平均的な水準として ρ が与えられているとすると，拡張 CF は次のようになる．

$$拡張 CF = \sqrt{\frac{\sum_i v_{k,i}^2 + 2\rho \sum_{i<j} v_{k,i} v_{k,j}}{\left(\sum_i v_{k,i}\right)^2}} \qquad (2.62)$$

さらに簡単な計算によって，

$$拡張 CF = \sqrt{\rho + CF^2(1-\rho)} \qquad (2.63)$$

[*18] 例えば，CreditMetrics ではこの手法が採用されている．

表 2.2 CF と拡張 CF の関係（$\rho=0.15$）

CF (a)	0.1	0.2	0.3	0.4	0.5	0.6	0.7
拡張 CF (b)	0.39812	0.42895	0.47592	0.53479	0.60208	0.67528	0.75266
(b)/(a)	3.98	2.14	1.59	1.34	1.20	1.13	1.08

となることがわかる．

(2.63) 式から，格付ごとの① CF，② ρ の 2 つのパラメータに関する情報があれば，拡張 CF を計算できることになる．拡張 CF（および CF）は，ポートフォリオのエクスポージャー額とエクスポージャー個数が一定であるとすると，ポートフォリオが均一である場合に最低となる．すなわち，ポートフォリオが不均一の場合，拡張 CF は $\sqrt{\rho+(1-\rho)/n}$ と 1 の間の値をとる（CF は，$1/\sqrt{n}$ と 1 の間の値をとる）．

そこで，実際に拡張 CF の算出を試みる．まず，100 個のエクスポージャーからなるポートフォリオを想定する（均一ポートフォリオの場合，CF は最低値 0.1 をとる）．ρ は 0.15 とし，CF は 0.1〜0.7（0.1 刻み）に設定すると，拡張 CF は，表 2.2 のような値となる．これをみると，CF が相対的に低く（0.1〜0.3）表面的に分散が進んでいるような場合，ρ の効果を勘案した拡張 CF は CF の 4.0〜1.6 倍程度となっている．したがって，ρ を勘案しないとポートフォリオのリスク量の分散効果を数分の 1 程度に低く見積もってしまうことになる．

2.2.2 最大損失額の簡便な計量手法（標準偏差による近似）

本項では，上記の考え方に基づいた上で，簡便な格付ごとの UL の算出手法を提示する．通常は，UL は，損失額の分布をモデルによるシミュレーションで導出した上で，一定の信頼区間（例えば 99％ タイル）を仮定して求められる．しかし，膨大な数のエクスポージャーを含むポートフォリオでシミュレーションを行う場合，長い時間を要するという点がネックとなる．

そこで，ポートフォリオの UL を求める必要がある場合，モデルを使ったシミュレーションをそのつど行うのではなく，各格付ごとの均一ポートフォリオの UL をあらかじめ算出しておき[*19]，リスク計測対象ポートフォリオ（不均一ポートフォリオ）の拡張 CF と均一ポートフォリオの拡張 CF の比で近似で

きるとみなしてリスク計測対象ポートフォリオの UL を算出するという手法が考えられる．

具体的には，以下の通りである．

① まず，同格付（同デフォルト率）・同金額の n 個のエクスポージャーから構成される均一ポートフォリオ[20]について，デフォルト事象の相関係数 ρ を一定と仮定した上で，UL を計算する．
② リスク計測対象ポートフォリオの UL は，同一格付の均一ポートフォリオの拡張 CF（(2.62) 式）とリスク計測対象ポートフォリオの拡張 CF（(2.63) 式）を使って，均一ポートフォリオとリスク計測対象ポートフォリオの VL の比が，UL の比と同一であるとみなせると仮定して，(2.64) 式で近似的に求める．

$$\text{リスク計測対象ポートの UL} \cong \frac{\sqrt{\rho + CF^2(1-\rho)}}{\sqrt{\rho + (1-\rho)/n}} \times \text{均一ポートの UL} \quad (2.64)$$

もしこの近似が十分な精度を確保できるならば，リスク計測対象ポートフォリオの不均一さが変わったとしても，エクスポージャー個数 n が不変である場合や n の増減が無視できるような場合（例えば，$1/n \ll 1$ など）には，エク

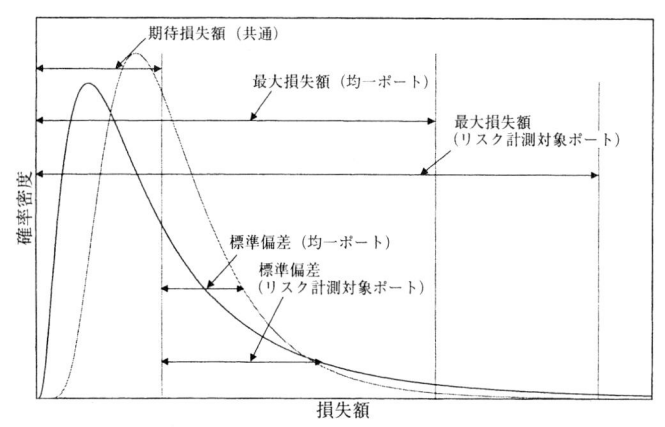

図 2.2 均一ポートとリスク計測対象ポートの最大損失額と標準偏差

---

[19] 均一ポートフォリオの UL は上述したように解析的に求めることができるが，本章ではシミュレーションによる数値を利用した．
[20] n は十分大きな値であるとする．

スポージャー個数 n の均一ポートフォリオで一度 UL を算出しておくだけで，(2.64) 式によってリスク計測対象ポートフォリオの UL を近似計算で簡単に求めることができるというメリットがある．

こうした近似手法が実際にどの程度の精度を確保できるかは，次節で検討することとする．

2.3 シミュレーションと考察

前節で述べた近似手法の有効性を検討するために，ポートフォリオの最大損失額を求めるシミュレーションを行い，近似手法との比較を試みる．前節までに述べてきたように，シミュレーションによる最大損失額の算出は煩雑なものであり，2.3.1 項では，その手法の詳細を説明する．2.3.2 項では，その結果を示し考察を行う．

2.3.1 シミュレーション手法の解説
a．サンプル・ポートフォリオ[*21] の説明
1) 内部格付

ここでは，信用度に応じた7段階の格付を仮定する．各々の格付はデフォルト率（1年のデフォルト率と仮定）で分類される．さらに，同一格付のサブポートフォリオ内の全エクスポージャーが同一のデフォルト率を有する，すなわち，デフォルト率は離散的であると仮定する（表 2.3）．

2) デフォルト事象の相関係数

サブポートフォリオ内のデフォルト事象の相関係数は，表 2.4 のように仮定する．

表2.3 各格付のデフォルト率

格付	1	2	3	4	5	6	7
デフォルト率	0.1%	0.5%	1.0%	2.0%	5.0%	10.0%	20.0%

[*21] ここでは，同一格付のエクスポージャーから構成されるポートフォリオを「サブポートフォリオ」と呼び，異なる格付のサブポートフォリオの集合を「サンプル・ポートフォリオ」と呼ぶ．

表 2.4 各格付のデフォルト事象の相関係数

格付	1	2	3	4	5	6	7
デフォルト相関	0.001	0.005	0.010	0.010	0.015	0.017	0.020

表 2.5 各サブポートフォリオ内のエクスポージャーの分布等（括弧内は CF 値）

	a. 100 先	b. 500 先	c. 1000 先
① 均一分布	**1a**：各 10 億円 （CF＝0.100）	**1b**：各 2 億円 （CF＝0.045）	**1c**：各 1 億円 （CF＝0.032）
② 1 先に与信集中（他の 100 倍）	**2a**：1 先に 502.51 億円，99 先に各 5.02 億円 （CF＝0.505）	**2b**：1 先に 166.94 億円，499 先に各 1.66 億円 （CF＝0.171）	**2c**：1 先に 90.99 億円，999 先に各 0.90 億円 （CF＝0.095）
③ 10%の先に与信集中（他の 100 倍）	**3a**：10 先に各 91.74 億円，90 先に各 0.92 億円 （CF＝0.290）	**3b**：50 先に各 18.35 億円，450 先に各 0.18 億円 （CF＝0.130）	**3c**：100 先に各 9.17 億円，900 先に各 0.09 億円 （CF＝0.092）
④ 指数分布	**4a**：平均 10 億円の指数分布に従う （CF＝0.142）	**4b**：平均 2 億円の指数分布に従う （CF＝0.065）	**4c**：平均 1 億円の指数分布に従う （CF＝0.046）
⑤ 3 段階分布（金額は 2 段階目で 2 倍, 3 段階目で 10 倍）	**5a**：50 先に各 2.85 億円，40 先に各 14.29 億円，10 先に各 28.57 億円 （CF＝0.129）	**5b**：250 先に各 0.57 億円，200 先に各 2.86 億円，50 先に各 5.71 億円 （CF＝0.058）	**5c**：500 先に各 0.29 億円，400 先に各 1.43 億円，100 先に各 2.86 億円 （CF＝0.041）
⑥ 5 段階分布（各段階ごとに金額は 1.5 倍）	**6a**：3.79 億円，5.69 億円，8.53 億円，12.80 億円，19.19 億円，をそれぞれ各 20 先に配分 （CF＝0.114）	**6b**：0.76 億円，1.14 億円，1.71 億円，2.56 億円，3.84 億円，をそれぞれ各 100 先に配分 （CF＝0.051）	**6c**：0.38 億円，0.57 億円，0.85 億円，1.28 億円，1.92 億円，をそれぞれ各 200 先に配分 （CF＝0.036）

3) 各格付のサブポートフォリオ

各格付のサブポートフォリオに含まれるエクスポージャーの総額は 1000 億円とする．サブポートフォリオ内のエクスポージャー数は，a. 100, b. 500, c. 1000 の 3 通りとし，金額の分布は，① 均一分布，② 1 先に集中，③ 10% の先に集中，④ 指数分布，⑤ 3 段階，⑥ 5 段階，の 6 通りを設定する（詳細は表 2.5 を参照．合計 18 通りの組合せで，1a～6c の通し番号をつけた）．

なお，② と ③ の分布は，相対的にかなり集中が進んでいるポートフォリオである．

また，計 18 通りのサブポートフォリオのコンセントレーション・ファクタ

表 2.6 サンプル・ポートフォリオ

ポートフォリオ	格付	1	2	3	4	5	6	7	総エクスポージャー数	合計金額(億円)
1 A		1a	1a	1a	1a	1a	1a	1a	700	7000
2 A		2a	2a	2a	2a	2a	2a	2a	700	7000
⋮		⋮	⋮	⋮	⋮	⋮	⋮	⋮	⋮	⋮
5 B		5b	5b	5b	5b	5b	5b	5b	3500	7000
6 B		6b	6b	6b	6b	6b	6b	6b	3500	7000

表 2.7 格付の各組合せに対応する相関係数

格付	1	2	3	4	5	6	7
1	0.0010						
2	0.0004	0.0050					
3	0.0003	0.0035	0.0100				
4	0.0002	0.0025	0.0071	0.0100			
5	0.0001	0.0016	0.0046	0.0064	0.0150		
6	0.0001	0.0012	0.0033	0.0047	0.0109	0.0170	
7	0.0001	0.0009	0.0025	0.0035	0.0082	0.0127	0.0200

ー(CF)値を掲げたが,ここから,最も分散しているポートフォリオは1c であり,最も集中しているサブポートフォリオは2aであることが確認できる.

4) サンプル・ポートフォリオ

サンプル・ポートフォリオは,3)の格付ごとのサブポートフォリオを組み合わせることにより,12種類を設定する.具体的には,各サンプル・ポートフォリオは,分布型・エクスポージャー数が同一の(各格付の)サブポートフォリオからなるものとした.それらのサンプル・ポートフォリオには,1A~6A(総エクスポージャー数700),1B~6B(同3500)の通し番号をつけた(表2.6参照).

なお,エクスポージャー $i, j (i \neq j)$ 間のデフォルト事象の相関は,i の属する格付 k と,j の属する格付 l の組合せのみに依存するものとする.同一格付内のエクスポージャー間の相関は,表2.4の値を使用し,異なる格付をもつエクスポージャー間の相関は,この水準を参考にして,表2.7のように定める.

すなわち,非対角成分 $\rho_{kl}(k>l)$ は,まず対角成分を使ってデフォルト事象の共分散を $\sigma_{kk} = \rho_{kk} p_k (1-p_k)$ と求め,非対角要素に対応する共分散を

2.3 シミュレーションと考察

$\sigma_{kl} = min(\sigma_{kk}, \sigma_{ll})$ と定めた[*22]上で, $\sigma_{kl} = \rho_{kl}\sqrt{p_k(1-p_k)}\sqrt{p_l(1-p_l)}$ という関係を用いて計算した.

b. シミュレーション手法の詳細

以上の設定によるサブポートフォリオおよびそれらを組み合わせたサンプル・ポートフォリオについて, $N=10$ 万回のモンテカルロ・シミュレーションでULを算出する. ここでは, シミュレーションの具体的手法の詳細を説明する.

1) サブポートフォリオでのシミュレーション

サブポートフォリオ(格付 k) のエクスポージャー数を n, デフォルト率を p_k, デフォルト事象の相関係数を ρ_{kk} とする. このサブポートフォリオのULをモンテカルロ・シミュレーションで算出するには, 互いに相関関係を有する n 変量のベルヌーイ乱数の組合せ $d^1 = (d_1^1 \cdots d_n^1), d^2 = (d_1^2, \cdots, d_n^2), d^N = (d_1^N, \cdots, d_n^N)$ が必要である. この乱数のセットは, 2.1.2項で解説した手法においてデフォルト率とデフォルト事象の相関係数を一律とおくことで発生させる.

このサブポートフォリオに含まれる n 個のエクスポージャー額をそれぞれ $v_{k,1}, \cdots, v_{k,n}$ (億円)とすると, 1回目の試行 d^1 に対応する損失額 l^1 (億円)は, $l^1 = \sum_{i=1}^n d_i^1 v_{k,i}$ と求められる. 2回目以降の試行で $l^2, \cdots, l^N$ を求め, $l^1, \cdots, l^N$ のヒストグラムを描く. これを真の損失額分布とみなした上で, ULを算出した.

2) サンプル・ポートフォリオでのシミュレーション

7段階の格付を含むサンプル・ポートフォリオの損失額の計算でサブポートフォリオと大きく異なるのは, デフォルト率やデフォルト事象の相関が一律でないことである. デフォルト率やデフォルト事象の相関が一律でない場合の多変量ベルヌーイ乱数の発生方法は2.1.2項で示した通りである. それ以降UL算出までの手順は, サブポートフォリオの場合と同様である.

[*22] ここでは, 求めた分散・共分散行列がコレスキー分解できるように, 互いに異なる格付 (k,l) の共分散 σ_{kl} が, それら2つの格付 (k,l) 各々の共分散 σ_{kk}, σ_{ll} の水準を上回らないという条件を課した. 実際には, この条件が成立しない場合がある可能性はあるが, この点には立ち入らない.

2.3.2 シミュレーション結果および考察
a. サブポートフォリオごとのシミュレーション

上記の手法に従い,各サブポートフォリオのULを求める.市場リスクのVaRを算出する場合には,ULとして損失額の99%タイルが用いられることが多いが,ここでは,10万回の計算で損失額分布の99%タイルと99.9%タイルの両方を算出する.なお,以下ではUL＝最大損失額とする.

次に,シミュレーション結果をもとに,サブポートフォリオの損失額の確率密度分布の具体例を図2.3に示す.ここでは,サブポートフォリオは1b（均一ポート,500先）とし,格付6と7の場合を例示した.ここから分布の形状が左右非対称となっていることなどが確認できる.

なお,2.1.2項で示した考え方を用いて,損失額分布を解析的に求めることができる.図2.3で示した損失額の確率密度分布のシミュレーション結果に対して,同一のサブポートフォリオについて上記の解析的な手法で求めた結果を重ね合わせてみると,図2.4のようになる.図2.4において,滑らかな2本の曲線が解析的な手法による計算結果であり,ギザギザな2本の曲線がシミュレーションによる計算結果である.図2.4をみると,シミュレーションによる計算結果も解析的な手法による計算結果もほとんど変わらないことがわかる.

99%最大損失額について,解析的な手法による結果とシミュレーションに

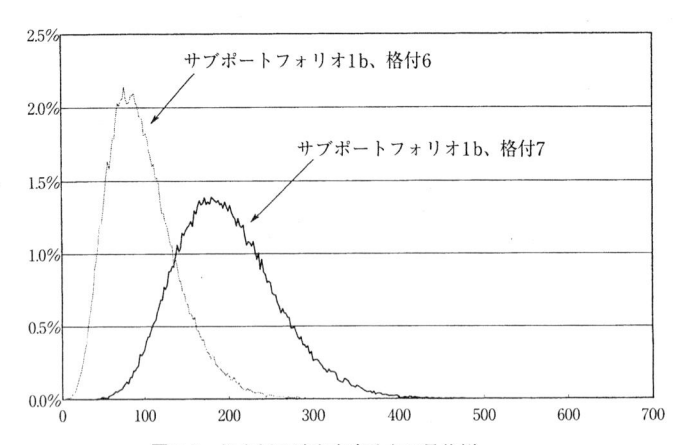

図2.3 損失額の確率密度分布の具体例
横軸：損失額（億円），縦軸：観測頻度

2.3 シミュレーションと考察

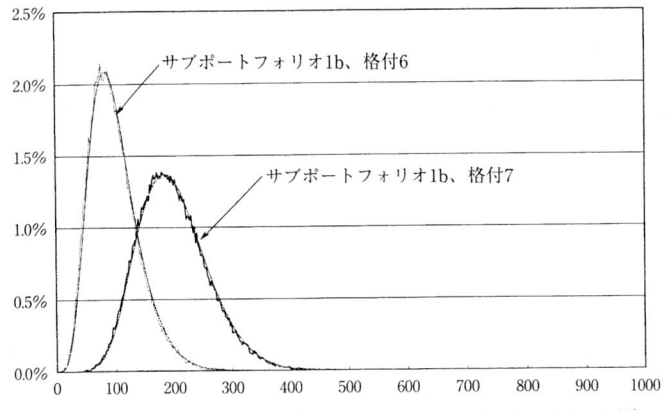

図 2.4 損失額の確率密度分布（シュミレーションと解析的な手法と比較）
横軸：損失額（億円），縦軸：観測頻度，確率

表 2.8 解析的な手法での 99%UL とシミュレーションによる 99%UL との差（単位：億円）

サブポートフォリオ 1b の格付	差（解析的手法－シミュレーション）
1	0.00
2	0.00
3	0.00
4	0.00
5	0.00
6	0.00
7	2.00

よる結果を比較した表が表 2.8 である．99% 最大損失額では，両者の結果にほとんど差異がないことがわかる．

さて，2～6 のサブポートフォリオごとに，(2.64) 式を用いて近似的に算出した UL とシミュレーションで求めた UL との相対誤差を表したのが図 2.5～2.9 である[23,24]．

また，これら相対誤差の絶対値の平均および最大値を，サブポートフォリオ

[*23)] ここでの相対誤差は，シミュレーションで求めた 99% タイルの UL に対する近似値の誤差である．

[*24)] 各サブポートフォリオについて，上記のデフォルト率とデフォルト相関のすべての組合せのデータ（49 個）がプロットされている（ただし，図 2.5～2.9 では相対誤差が 500% 超となるデータは除いてある）．

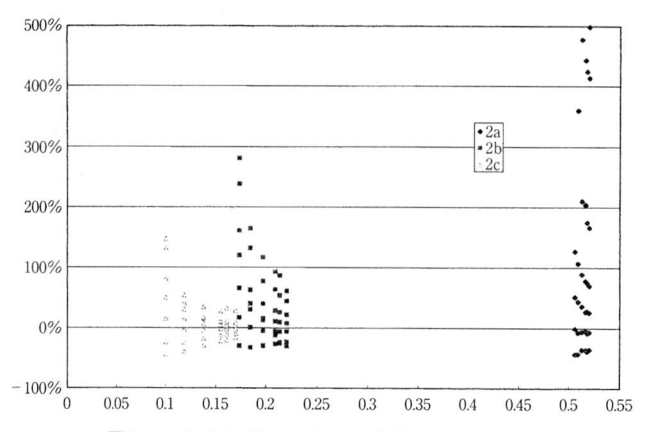

図 2.5 サブポートフォリオ 2 の拡張 CF と相対誤差
横軸：拡張 CF，縦軸：相対誤差

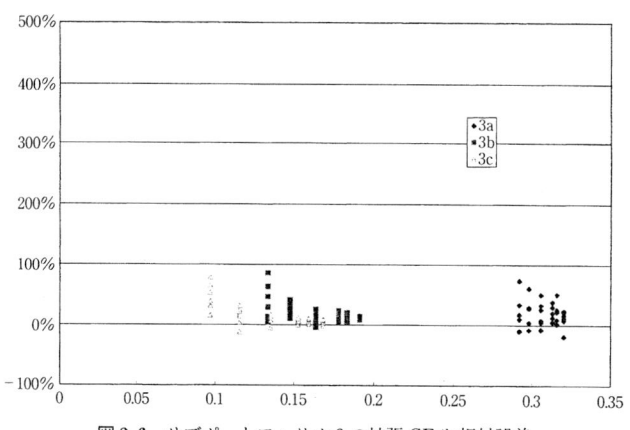

図 2.6 サブポートフォリオ 3 の拡張 CF と相対誤差
縦軸：相対誤差，横軸：拡張 CF

ごとに表 2.9 に示した．

これらの結果からは，まず1先だけ大口エクスポージャーが存在する場合（サブポートフォリオ 2）および 10% の先に与信が集中している場合（サブポートフォリオ 3）は，相対誤差が大きいことがわかる．これに対し，相対的にエクスポージャーが分散化されているサブポートフォリオ（4～6）では，相対誤差が絶対値平均で数% の範囲に収まっていることがわかる（網かけを施してある部分）．実際の金融機関の与信ポートフォリオでは，サブポートフォリ

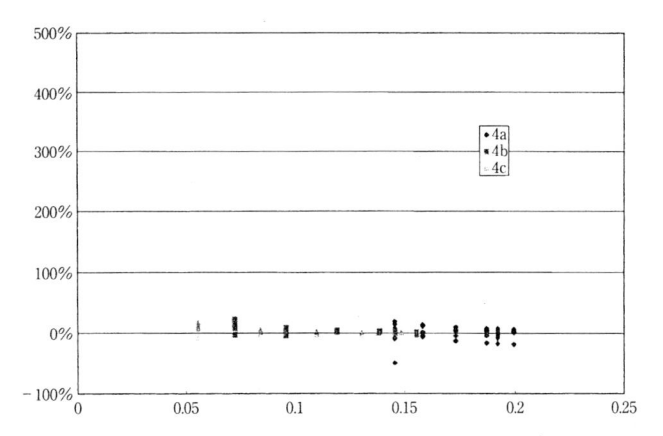

図2.7 サブポートフォリオ4の拡張CFと相対誤差
縦軸：相対誤差，横軸：拡張CF

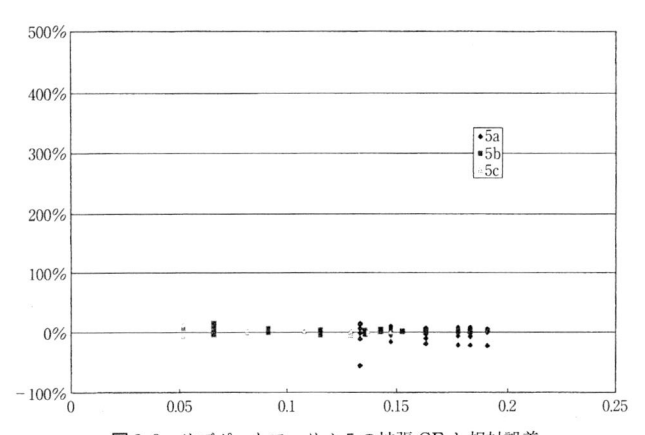

図2.8 サブポートフォリオ5の拡張CFと相対誤差
縦軸：相対誤差，横軸：拡張CF

オ2，3のように極端に与信が集中しているようなケースはほとんどないと思われることから，(2.64)式によってULを近似する手法が，今回のサブポートフォリオでシミュレーションを行った範囲では，実務上ある程度はワークするとみられる．

なお，サブポートフォリオ4a，5a，6aでは，それぞれ1例ずつが，−40％超の比較的大きな相対誤差を示している．そこで，サブポートフォリオ4a〜6a，4b〜6b，4c〜6cのデフォルト率と相対誤差の関係を図2.10に

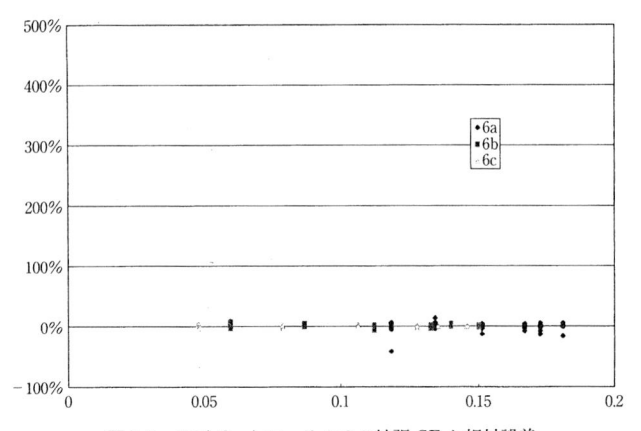

図 2.9 サブポートフォリオ 6 の拡張 CF と相対誤差
縦軸：相対誤差，横軸：拡張 CF

表 2.9 相対誤差の絶対値平均と最大値（単位：％）

	2a	2b	2c	3a	3b	3c	4a	4b	4c
絶対値平均	230.53	53.74	24.42	128.13	18.31	14.73	8.34	4.50	3.34
最大値	860.01	280.43	147.00	1218.43	86.29	78.90	49.41	23.53	18.53

	5a	5b	5c	6a	6b	6c
絶対値平均	8.22	3.46	2.53	5.09	2.10	1.42
最大値	55.56	15.15	12.37	41.16	8.23	5.84

示した．

これをみると，エクスポージャー数＝100，デフォルト率＝0.1％，デフォルト相関＝0.001 の設定の場合に，上記の－40％超の最大の相対誤差が生じていることがわかる．例えば，金融機関の与信ポートフォリオで高格付（すなわち低いデフォルト率）を付与されているようなエクスポージャーは，マクロの経済状態が好況でないときには，それほど多くはないと考えられる．このため，そのような高格付のサブポートフォリオでは，ここで示したように，近似精度が十分に確保できない可能性はある．

b．サンプル・ポートフォリオの UL の算出

サンプル・ポートフォリオ 1A～6A，1B～6B について，a.で説明した手法を用いてシミュレーションを行い UL を算出した．また，サブポートフォリ

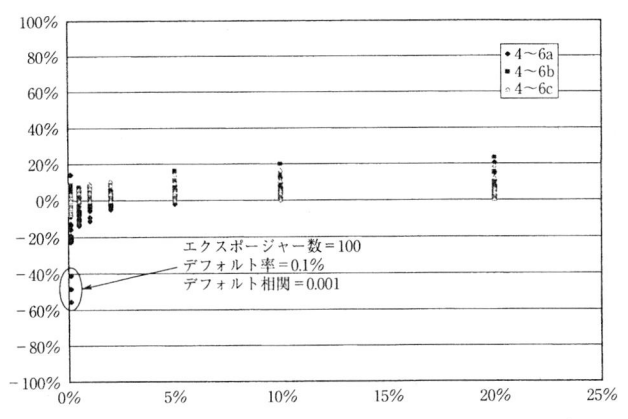

図 2.10 サブポートフォリオ 4〜6 のデフォルト率と相対誤差
縦軸：相対誤差，横軸：デフォルト率

表 2.10 サンプル・ポートフォリオの UL

	99.0%UL（億円）			99.9%UL（億円）		
	①全体で計算	②サブポートフォリオを合計	②/①	①全体で計算	②サブポートフォリオを合計	②/①
1 A	750.00	980.00	1.31	920.00	1280.00	1.39
2 A	1296.48	2417.09	1.86	1788.95	3537.69	1.98
3 A	958.12	1609.17	1.68	1164.22	2273.39	1.95
4 A	779.12	1117.85	1.43	946.62	1489.89	1.57
5 A	771.43	1074.29	1.39	937.14	1417.14	1.51
6 A	760.66	1026.07	1.35	918.72	1352.37	1.47
1 B	726.00	876.00	1.21	878.00	1122.00	1.28
2 B	828.05	1288.82	1.56	1028.38	1764.61	1.72
3 B	773.95	1055.60	1.36	953.39	1394.68	1.46
4 B	732.84	905.23	1.24	893.02	1163.86	1.30
5 B	730.85	892.57	1.22	893.14	1138.85	1.28
6 B	729.57	882.94	1.21	887.77	1126.49	1.27

オごとに UL を計算し，それらを単純に合計したものも比較のため表 2.10 に示した．

　サブポートフォリオごとに UL を計算し，それらを単純に合計したものは，サンプル・ポートフォリオ全体で計算した UL よりも明らかに大きくなる．表 2.10 からは，本章で用いたサンプル，デフォルト率，格付区分数などの条件

では，前者は後者の 1.2〜2 倍程度になっている[*25]ことがわかる．

c．ポートフォリオの UL の簡便な算出手法

サンプル・ポートフォリオ全体の UL を計算する場合，簡便な手法として，各サブポートフォリオの UL の単純合計を表 2.10 で示したような倍率で除することが考えられる．この倍率は，ポートフォリオの構成が大きく変化しない限りは，一定であるとみなしても差し支えないと考えられる．金融機関の与信ポートフォリオの中身が短期間で大きく変動することはあまり想定できないことから，ある程度定期的にこの倍率をシミュレーションによって算出しておけば十分であると思われる．

一方，サブポートフォリオの UL は，ポートフォリオの不均一さが変化したとしても，エクスポージャー個数 n が不変である場合や n の増減が実務的に無視できると判断されるような場合には，エクスポージャー個数 n の均一ポートフォリオの UL で代用して，サブポートフォリオの UL を近似的に算出することができる．

ま と め

本章では，まず，デフォルト率やデフォルト事象の相関係数の推定手法，あるいはシミュレーションに用いるランダムなデフォルト事象の発生手法などを示すことを通じて，信用リスクを計量する手法を解説した．

また本章では，シミュレーションの負担を極力抑制しつつ，ある程度簡便に与信ポートフォリオの信用リスク量を近似する手法を示した．シミュレーション結果からは，大口エクスポージャーが存在しポートフォリオの集中度が相当高くなっているような場合を除いて，拡張 CF を使った手法でポートフォリオの信用リスク量がある程度の精度（本章の結果では平均 10% 未満の相対誤差）で近似できることが確認できた．

参 考 文 献

1) 金融監督庁・FISC（財団法人金融システム情報センター）：リスク管理モデルに関す

[*25] 一般的には，格付区分数が多くなれば多くなるほど，サブポートフォリオ内のエクスポージャー分散効果が減殺されるため，この倍率は大きくなる．

る研究会報告書 付属文書2:信用リスク管理モデルの理論的分析(補論). 1999年7月.
2) 森平爽一郎:信用リスクの測定と管理 第1回~第4回. 証券アナリストジャーナル, 1999年9月~2000年3月.
3) Basle Committee on Banking Supervision : Credit risk modelling : current practice and application. April 1999.
4) Credit Suisse Financial Products : CreditRisk+. 1997.
5) Jarrow, R. A., D. Lando and S. M. Turnbull : A Markov model for the term structure of credit risk spreads. *Review of Financial Studies* **10** (2), 1997.
6) J. P. Morgan & Co. : CreditMetrics™ technical document. April 1997.
7) Keenan, S. C., I. Shtogrin and J. Sobehart : Historical default rates of corporate bond issues, 1920-98. *Moody's Special Comment*, March 1999.
8) Kijima, M. and K. Komoribayashi : A Markov chain model for valuing credit risk derivatives. *Journal of Derivatives*, Fall 1998.
9) Longstaff, F. A. and E. S. Schwartz : A simple approach to valuing risky fixed and floating rate debt. *Journal of Finance* **50** (3), 1995.
10) Merton, R. : On the pricing of corporate debt : the risk structure of interest rates. *Journal of Finance* **28**, 1974.
11) Treacy, W. F. and M. S. Carey : Credit risk rating at large U.S. banks. *Federal Reserve Bulletin*, November 1998.
12) Zhou, C. : Default correlation : an analytical result. *Finance and Economics Discussion Series*, Federal Reserve Board, May 1997.

3

銀行勘定の金利リスクの簡便な把握手法

　銀行の金利リスクを考える場合，トレーディング勘定の金利リスク定量化では，現在価値ベースの確率的リスク評価手法としてVaR法が一般化している．一方，銀行勘定の金利リスクの場合は，それを期間損益ベースでみるべきか，あるいは現在価値ベースでみるべきかとの点で明確なコンセンサスが得られているわけではない．また，銀行勘定には，制度金利連動商品やプリペイメント商品が存在するなどの特性があり，リスク量の把握を技術的に困難にしているとの事情も存在している．

　こうした技術面での対応としては，金利のターム・ストラクチャー・モデルを設定した上で，プリペイメント価値評価モデルや制度金利モデルなどを組み込んで，モンテカルロ・シミュレーションなどでリスク量を把握するVaR法（シミュレーション法）やEaR法（アーニング・アット・リスク法）がある．しかし，これらの手法はシミュレーションなど比較的大がかりな道具立てを必要とするため，銀行勘定の金利リスクを把握・管理していく上では，こうした手法の他に，一定の仮定を前提としたある程度簡便な手法も有効であるとの考え方も成り立ちうる．本章では，こうした観点に立って，簡便な銀行勘定の金利リスク把握手法を考察することを目的とする．

　本章の構成は次の通りである．3.1節では銀行勘定の金利リスク把握手法[*1]を概観した後，3.2節で銀行勘定の金利リスクを簡便に把握する場合に必要な

(注)本章は以下の論文がベースとなっている．
　　家田明：銀行勘定における金利リスクの簡便な把握手法について．ディスカッション・ペーパー，97-J-1，日本銀行金融研究所，1997年1月．
[*1] ここでは，銀行の金利リスクのうち，銀行勘定の部分に焦点を絞ることとする．いわゆるALMヘッジと呼ばれるオフバランス取引は対象に含まれる一方，投資有価証券勘定に含まれる政策株式は対象とはならない．

財務指標の内容および具体的な手法を考察する．さらに 3.3 節でそれらの手法を使用した金利リスク量などの計算例を示す．

3.1 銀行勘定の金利リスク把握手法

3.1.1 マチュリティ・ラダー法

マチュリティ・ラダー法は，マチュリティ・ラダー表を用いて，オンバランス商品の資産・負債およびオフバランス・ポジションを満期／次期金利更改時までの残存期間別に分類し，同一期間帯の資産・負債のミスマッチから，金利シナリオを設定した上で，期間損益およびその変化を評価する手法である（いわゆるギャップ分析）．ここで，金利シナリオは，例えば，短期市場金利 0.5% の上昇に対して，短期プライムレート（短プラ）が 0.3% 上昇するなど一定の仮定に基づき設定される．

マチュリティ・ラダー法は簡便な手法ではあるが，ポートフォリオの現在価値を把握・管理するには不適である．本手法は，先行き 6 か月または 1 年間程度の期間損益を把握・管理するために使用するのが一般的である．

3.1.2 デュレーション法

デュレーション法は，金利リスク量を現在価値ベースで把握する手法である．具体的には，将来にわたる元本とクーポンのキャッシュフローとそれらを割引く市場金利（割引金利）によって，各資産・負債の現在価値を把握し，この現在価値の割引金利変化に対する価格感応度を評価する．

これを簡単な算式で示す．割引金利を r，k 期のキャッシュフローを $c(k)$ として，「時価」$pv(r)$ を (3.1) 式で定義する．(3.1) 式を r で微分すると (3.2) 式が得られる．(3.2) 式によって，金利が dr 変化した際の，「時価」の変化 $dpv(r)$ を（1 次微分しかみていない意味で）近似的に算出することができる．なお，(3.2) 式右辺の第 1 項（$D/(1+r)$）は修正デュレーションと呼ばれるものである．

$$pv(r) = \sum_k \frac{c(k)}{(1+r)^k} \tag{3.1}$$

$$\frac{dpv(r)}{dr} = -\frac{\sum_k k \cdot c(k)/(1+r)^k}{\sum_k c(k)/(1+r)^k} \cdot \frac{1}{1+r} \cdot pv(r) = -\frac{D}{1+r} \cdot pv(r) \quad (3.2)$$

(3.2) 式は，マチュリティ・ラダー表の各期間帯に属する元本の（修正）デュレーションと所与の金利変動（例えば10 bps）の積をリスクウェイトとし，これを各期間帯の元本とそのクーポンの「時価」に乗ずることで，「時価」の変動を算出するというものである．

デュレーション法では，ポートフォリオの金利変化に対する「時価」のセンシティビティを算出しているので，債券先物ポジションのセンシティビティを別途算出しておけば，当該ポートフォリオが先物換算で何単位に該当するかを求めることができるため，収益インパクトを把握しやすいとのメリットもある．

しかし，本手法は，上述の通り，1次微分近似のため，金利変動幅が大きくなると高次の効果（すなわち誤差）が大きくなるほか，全期間を同じ金利で割り引いているという点で注意が必要である．

3.1.3　ベーシス・ポイント・バリュー法（BPV法）

BPV法は，資産・負債の将来のキャッシュフローをもとに，金利変動が生じた場合の現在価値の変化額（ベーシス・ポイント・バリュー（BPV））を求める手法である．具体的には，下記 (3.3) 式の金利 r_k を各々のキャッシュフロー $c(k)$ ごとに dr_k だけ変化させたときの現在価値変化額を (3.4) 式によって算出する．なお，dr_k が k によらず一定（1 bp または 10 bps）の場合，狭義に1 bp法または10 bps法と呼ばれる．

$$pv(r_1, \cdots, r_k, \cdots) = \sum_k \frac{c(k)}{(1+r_k)^k} \quad (3.3)$$

$$pv(r_1+dr_1, \cdots, r_k+dr_k, \cdots) - pv(r_1, \cdots, r_k, \cdots)$$
$$= \sum_k \frac{c(k)}{(1+r_k+dr_k)^k} - \sum_k \frac{c(k)}{(1+r_k)^k} \quad (3.4)$$

本手法は，各 dr_k を独立に動かすことによって，イールドカーブの形状変化に対応した現在価値の変化を把握することが可能となる．

さらに，各金利（r_k）の変化に関して一定のシナリオ（例えばイールドカーブの傾きが変化）を設定すれば，(3.4) 式よりそのシナリオに応じた現在価値の変化額を求めることができる．

3.1.4　バリュー・アット・リスク法（VaR 法）

a．VaR 法（マトリックス法）

銀行勘定の資産・負債を（トレーディング勘定で用いられている）VaR 法の枠組みにとり入れる方法としては，リスク・ファクターである金利変化に対するセンシティビティを算出し，それらをマトリックス法（分散・共分散法）で処理するという手法が考えられる．

ただし，こうしたマトリックス法は，金利の変化にともなってポジションの現在価値が線形に変化するとの仮定に基づいており，非線形部分の効果を無視している．したがって，銀行勘定の商品の保有期間が短期でない場合には，金利の変動幅は通常大きくなるので，非線形部分の効果を無視することはできなくなる可能性がある．すなわち，こうしたマトリックス法を銀行勘定に適用できるのは，貸出など流動性が低く一般的に保有期間が長い商品でも，例えばスワップなどでキャッシュフローを短期間に変更することが十分可能であると判断される場合に限定される[2]．

b．VaR 法（シミュレーション法）

a．の場合とは異なり，銀行勘定のキャッシュフロー全体を短期間には変更できないと判断される場合には，上記マトリックス法は適用できなくなる．なぜならば，この際の金利の変動幅は相対的に大きくなり，非線形のリスク効果も勘案せざるを得なくなるためである．この場合には，シミュレーション法により，ポートフォリオ価値の変化を計算し，損失額がそれを上回る発生確率が例えば 1% に対応する損失額を VaR とするという手法がある．

シミュレーション法で VaR を求める場合には，① 長期間にわたるイールドカーブの変動，② 保有期間中のポジション変動（プリペイメントなど），③ 制度金利変動（短期プライムレート，長期プライムレートなど）といった問題

---

[2] キャッシュフローを短期間に変更することが十分可能であるかどうかは，自らに与えられているクレジットラインの大きさなどマーケットのアベイラビリティにも依存する．

を明示的に勘案する必要があり，工夫が必要となる．例えば，文献2）では，これらの問題への対応として，金利のターム・ストラクチャー・モデルの一つであるHJMモデルを採用し，さらにプリペイメント価値評価モデルや制度金利変化モデルを組み込むことにより，モンテカルロ・シミュレーションでリスク量を算出している．

3.1.5 アーニング・アット・リスク法（EaR法）

VaR法が現在価値の変動を把握する手法であるのに対して，EaR法は将来の期間収益の変動を把握する手法である．この場合，EaRの算出には，保有期間は長期間となるので，VaR法（シミュレーション法）と同様に，① イールドカーブの変動，② 保有期間中のポジション変動，③ 制度金利の変化といった問題を明示的に勘案する必要が生じる（詳細は例えば文献1）を参照）．

3.2 銀行勘定の金利リスク把握のための簡便な手法

3.2.1 基本的な考え方

銀行勘定の金利リスクをとらえる切り口としては，期間損益ベース，現在価値ベースの2つのアプローチがある．銀行経営の観点からは，前者は，（預貸金を中心とした）目先の期間損益水準をみているという点で，また後者も，（単に目先の期間損益だけではなく）将来にわたる銀行勘定のアクティビティの価値を現時点で把握・管理している点で，いずれも重要な行動基準となる．こうした銀行経営上の考え方からは，銀行勘定の金利リスクの把握・管理には，期間損益ベース，現在価値ベース両方のアプローチが必要となる．

具体的な金利リスクの把握においては，VaR法（シミュレーション法），EaR法のような手法は，相当大がかりなシミュレーションが必要となるなど必ずしも機動的ではないため，これらの手法とは別に，一定の仮定を前提としたある程度簡便な手法も有効であると考えられる．こうした簡便な金利リスク把握手法としては，3.1節で述べた手法のうち，VaR法（シミュレーション法），EaR法を除いた各種手法が該当しよう．

3.2.2 分析上必要なマチュリティ・ラダー表の具体的イメージ

ここでは，上記の基本的な考え方に基づいて，具体的な必要情報のイメージを検討する．

a. 期間帯の設定

マチュリティ・ラダー表は，時間軸を複数の期間帯に分割し，資産・負債ごとに，満期／金利更改期に合わせて元本を展開するものである．期間帯は，その数が多くなるほど，各々の元本のより正確な満期／金利更改期を表すようになる．

b. 資産・負債の項目設定

銀行勘定のうち金利リスクを抱える資産・負債の各項目は，① 金利が固定であるか変動であるか，また ② 適用金利が市場金利であるか否か，によっておおむね表3.1のように分類することができる．

① は，マチュリティ・ラダー上で，固定金利商品を満期，変動金利商品を次期金利更改期の属する期間帯に各々元本を展開するための情報である．

また ② は，商品の適用金利形態により商品の金利感応度が異なってくるこ

表3.1 マチュリティ・ラダー上の資産・負債と適用金利

	資産・負債項目	固定・変動	適用金利
資産	短期貸出	固定金利	短プラ
	〃	〃	市場金利
	長期貸出	変動金利	短プラ
	〃	〃	長プラ
	〃	固定金利	市場金利
	債券ロング	〃	〃
	〃	変動金利	〃
	当座貸越	〃	短プラ等
	オフバランス商品	固定金利	市場金利
	〃	変動金利	〃
負債	定期預金＋CD	固定金利	市場金利
	〃	変動金利	〃
	短期借入	固定金利	〃
	債券ショート	〃	〃
	〃	変動金利	〃
	流動性預金	固定金利	一部連動
	オフバランス商品	〃	市場金利
	〃	変動金利	〃

とを勘案するための情報である．特に，マチュリティ・ラダー法のギャップ分析におけるシナリオ設定には，市場金利と短プラ，長プラといった制度金利が必ずしも連動していないため，これらの情報は必須である．

c．各期間帯の平均クーポン

キャッシュフロー展開を行う[*3]ためには，各期間帯に展開された元本の平均クーポンに関する情報が必要となる（すべての元本のクーポンのキャッシュフロー情報を組み入れることも考えられるが，事務負担が大きいという問題がある）．

3.2.3 マチュリティ・ラダー展開上の問題点

マチュリティ・ラダーへの元本の展開では，不良資産，流動性預金，プリペイメント商品のように満期が不確定の商品があるため，取扱いには注意が必要となる．ただし，現状はこれらの取扱いに関する明確なコンセンサスはない．

a．不良資産の扱い

不良資産は，満期が確定していないため，マチュリティ・ラダー上に展開する場合には，ある程度の仮定をおいて満期および金利条件を設定することになる．

b．流動性預金の扱い

流動性預金は，満期が不確定であるため，現状のイールドカーブの形状などを条件に，それらの満期をヒストリカル・データから推定し，マチュリティ・ラダー上に展開することが考えられる．

しかし，ヒストリカル・データの蓄積が必ずしも十分でない場合には，マチュリティ・ラダー上への展開の簡便な方法として，① 固定負債（期日不定負債）とみなし，最長期の期間帯に展開する，あるいは ② 銀行サイドには期限の利益がないため，最短期の負債とみなし，最短期の期間帯に展開するという2つのアプローチが考えられる．

c．プリペイメント商品の扱い

住宅ローンや期日指定定期預金などは，プリペイメント商品であることから，満期を定めることは困難である．このため，（流動性預金の場合と同様に）

[*3] 市場金利商品の場合，マチュリティ・ラダーへの展開は次期金利更改期が属する期間帯に行う．この際，金利部分のキャッシュフロー展開は行う必要がないことが簡単な計算によってわかる．

現状のイールドカーブの形状などを条件に，それらの満期の分布をヒストリカル・データから推定し，マチュリティ・ラダー上に展開することが考えられる．

3.2.4 具体的なリスク量把握手法の検討

ここでは，3.1節で記述したリスク把握手法をベースに，上記のマチュリティ・ラダーによって入手された情報を使って，金利リスク量を把握する具体的手法を検討する．この際，基本的な考え方に従って，金利リスクの把握は，期間損益ベースと現在価値ベースの両方で行うことを想定する．なお，銀行勘定のポジションが短期間には変更できないとする立場では，VaR法（シミュレーション法）などが必要となるが，上述したリスク把握の簡便性の観点から，本章ではこれを捨象する．

▽期間損益ベース…先行き1年程度の期間損益の動きをマチュリティ・ラダー法のギャップ分析で把握する．

▽現在価値ベース…銀行勘定のポジションが比較的短期間に変更することができる（すなわち保有期間は短期である）との立場に立って，デュレーション法，BPV法，VaR法（マトリックス法）を用いる．

a．期間損益ベース（マチュリティ・ラダー法）

マチュリティ・ラダー表の各期間帯に区分された金利感応度別の資産・負債に想定される各々の金利変動（金利特性によって相違）を勘案して，先行き6か月ないし1年のネット金利収入の変化を把握し，損失可能額を算出する．さらに，想定される金利変動を金利感応度別に変え，別途策定したいくつかの金利シナリオに基づく収益インパクト額を試算する．なお，後述するように，各期間帯の平均クーポンを展開することによって，現時点で見込まれる先行き6か月ないし1年程度のネット金利収入を計算することができる．

b．現在価値ベース（デュレーション法，BPV法，マトリックス法）

1）デュレーション法

(3.2)式を用いて，各資産・負債の現在価値とそれに対応する（修正）デュレーションから，各資産・負債およびポートフォリオ全体の「金利の単位変化当たりの現在価値の変化」を求める．

具体的には，上述のマチュリティ・ラダー表で得られた情報をもとに以下の

ような簡便化を行う．

① 各項目（表3.1参照）ごとに元本をマチュリティ・ラダー上に展開する．この際，各項目ごとに期間帯別の元本の平均クーポンも各項目別に得られているものとする．

② （修正）デュレーションは，各項目・各期間帯の平均クーポンから求める（デュレーションは，割引金利を一定とする場合，当該資産・負債の残存期間が長いほど，またクーポンが小さいほど大きくなるとの性質がある（図3.1参照））．

③ ①②から，(3.2) 式を用いて，各項目ごとの「金利の単位変化当たりの現在価値の変化額」を求める．

④ 一定の市場金利変動（パラレル・シフト）を仮定した（±10 bps など）上で，それにともなう時価損益の変化額を算出する．

2) BPV 法

（1） 現在価値の計算（キャッシュフローの展開）

マチュリティ・ラダーの各期間帯の番号を $1,\cdots,k,\cdots$ として，(3.3)〜(3.4) 式から，資産・負債の時価変化額を算出する．

各項目の各期間帯における元本とその平均クーポンからキャッシュフローを仮想的に展開して（図3.2），(3.3) 式から現在価値を，(3.4) 式から現在価

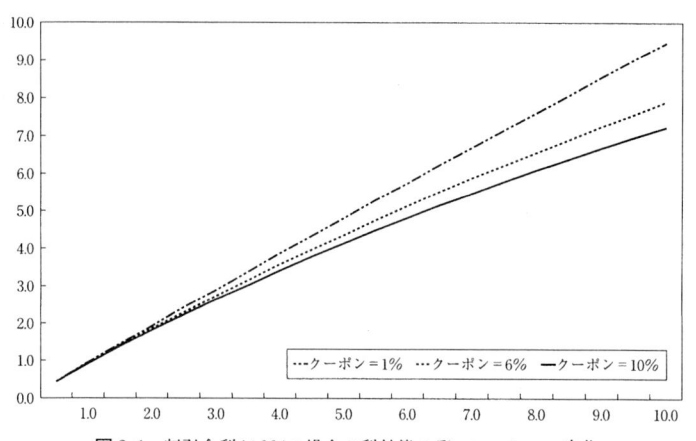

図3.1 割引金利が3%の場合の利付債のデュレーション変化
縦軸：デュレーション，横軸：年限

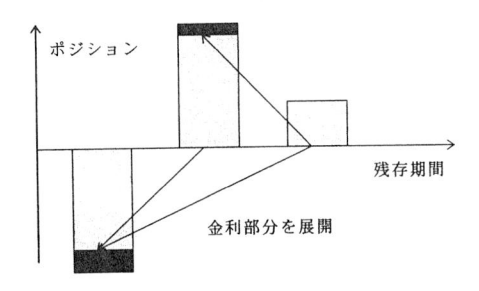

図3.2 キャッシュフロー展開の具体的イメージ

値変化額を各々算出する．

現在価値の変化額は，(3.4) 式で割引金利を変化させることで求める．この点，デュレーション法の場合には，期間によらず割引金利が一定との前提をおいており，現在価値の変化額を求める際にもイールドカーブのパラレル・シフトにしか対応できないとの難点があった．一方，BPV 法では，各期間帯ごとに独立した金利変化（$dr_1,\cdots,dr_k,\cdots$）を想定することができる．このため，イールドカーブのパラレル・シフトのみならず，イールドカーブの傾きの変化などにともなう現在価値の変化を求めることも可能である．

（2） イールドカーブ変化の取込み

[シナリオ設定の具体例]

想定するイールドカーブの変化は，ヒストリカル・データから統計的に求めるのが一般的な方法であるが，より単純には一定のシナリオを前提とすることも可能である．例えば，イールドカーブのベア・スティープ化をイメージする場合，$dr_1,\cdots,dr_k,\cdots,dr_n$ を以下の (3.5) 式のように設定すればよい．

$$dr_k = t_k \cdot da + dr_0 \tag{3.5}$$

t_k：k 番目の期間帯の年数
da：定数（>0）
dr_0：定数（>0）

[イールドカーブ変化の要因分解～主成分分析]

（1）ではヒストリカル・データによらずに，単純なシナリオを設定して現在価値の変化額を求める例をあげたが，実際のイールドカーブ変化が金利水準

の変化やイールドカーブの傾きの変化などの要因によって，どの程度説明できるかを事前にチェックしておけば，実際のシナリオ設定にも資すると考えられる．こうした事前チェックに用いることができる手法としては，イールドカーブの主成分分析[*4]がある．これを用いると，イールドカーブの変化が，金利水準の変化，イールドカーブの傾きの変化，イールドカーブの曲率の変化の3要因（主成分）によっておおむね説明できることが多く，それらの寄与度も算出できる．

3) VaR法（マトリックス法）

2) では，各期間帯に簡便にキャッシュフローを展開する手法を記述したが，このキャッシュフローをもとにデルタマップを作成することができる．デルタマップは，各期間帯を代表するゼロクーポン・レート（リスクファクター）の変化に対する時価変化の割合，すなわちセンシティビティを期間帯ごとに並べたものである．

このセンシティビティに加えて，各期間帯ごとの代表金利すなわちリスクファクターのボラティリティと分散・共分散行列を別途算出すれば，(3.6) 式によってVaR値を求めることができる（マトリックス法）．

[*4] まず，イールドカーブの各々の期間帯（n個）を代表する金利（例えばゼロクーポン・レート）のヒストリカル・データ群から，各々の平均を引いたデータを $r_k(k=1,2,\cdots,n)$ とし，r_k, r_l の共分散を s_{kl} とする．このとき，(a) 式の固有方程式から固有値 $\lambda_k(\lambda_1 \geq \lambda_2 \geq \cdots \geq \lambda_n)$ および固有ベクトル $(l_{1k}, l_{2k}, \cdots, l_{nk})$ を求めることができる．

$$\begin{vmatrix} s_{11}-\lambda & s_{21} & \cdots & s_{n1} \\ s_{12} & s_{22}-\lambda & \cdots & \cdots \\ \cdots & \cdots & \ddots & \cdots \\ s_{1n} & \cdots & \cdots & s_{nn}-\lambda \end{vmatrix} = 0 \qquad (a)$$

これらの固有値および固有ベクトルを用いて，イールドカーブの主成分 $z_k(k=1,2,\cdots,n)$ を次の (b) 式で求めることができる．

$$\begin{pmatrix} z_1 \\ z_2 \\ \vdots \\ z_n \end{pmatrix} = \begin{pmatrix} l_{11} \\ l_{12} \\ \vdots \\ l_{1n} \end{pmatrix} r_1 + \begin{pmatrix} l_{21} \\ l_{22} \\ \vdots \\ l_{2n} \end{pmatrix} r_2 + \cdots + \begin{pmatrix} l_{n1} \\ l_{n2} \\ \vdots \\ l_{nn} \end{pmatrix} r_n \qquad (b)$$

イールドカーブ変化に対する第 k 主成分の寄与度 c_k は，(c) 式で求められる（その水準は $\lambda_1, \lambda_2, \cdots, \lambda_n$ の順に小さくなる）．

$$c_k = \frac{\lambda_k}{\sum s_{ii}} \qquad (c)$$

なお，イールドカーブの主成分分析の実証分析では，第1成分が金利水準，第2成分がイールドカーブの傾き，第3成分がイールドカーブの曲率であること，またそれらによってイールドカーブ変化の90%超が説明できたという結果が報告されている（例えば，文献3）など）．

$$\mathrm{VaR} = \phi \cdot \sqrt{\tau} \cdot \sqrt{(\delta_1\sigma_1 \quad \delta_2\sigma_2 \cdots \delta_n\sigma_n) \begin{pmatrix} 1 & \rho_{12} & \cdots & \rho_{1n} \\ \rho_{21} & 1 & \cdots & \rho_{2n} \\ \vdots & & \ddots & \\ \rho_{n1} & \cdots & & 1 \end{pmatrix} \begin{pmatrix} \delta_1\sigma_1 \\ \delta_2\sigma_2 \\ \vdots \\ \delta_n\sigma_n \end{pmatrix}} \quad (3.6)$$

ϕ：信頼区間

τ：対象資産・負債の保有期間

δ_i：i 番目の金利に対する資産・負債のセンシティビティ

σ_i：i 番目の金利のボラティリティ

ρ_{ij}：金利（i,j 番目）間の相関係数

3.3 具体的な金利リスク計算例（デュレーション法，BPV 法，マトリックス法）

ここでは，上述したデュレーション法，BPV 法およびマトリックス法について，仮想ポートフォリオの平均クーポンのキャッシュフロー展開などによる具体的な金利リスクの計算例を示す．

計算に当たっては，次のような仮定をおく．

▽マチュリティ・ラダーは，〜6 m（月），6 m〜1 y（年），1〜2 y，2〜3 y，3〜4 y，4〜5 y，5〜7 y，7〜10 y，10 y〜 の9期間帯．

▽各期間帯のリスク・ファクターはゼロクーポン・レート（連続複利）とし，各々の期間帯で残存期間 3 m，6 m，1 y，2 y，3 y，4 y，5 y，7 y，10 y とする．

▽想定ポートフォリオはすべて固定金利商品とする（なお，変動金利商品の場合は，次期金利更改期が属する期間帯に元本を立てるのみで，クーポン部分のキャッシュフロー展開の必要性はない[*5]．ここでは簡便化のた

[*5] 厳密には，変動金利商品でも適用金利が市場金利ではない場合（短プラなど制度金利の場合）にはこれは正しくない．すなわち，制度金利商品については，本来は現在のイールドカーブから算出したフォワード・レート水準から将来の制度金利のクーポンを推定し，キャッシュフローを求める必要がある．本章の金利リスク把握手法では，現在価値計算の簡便化のため，制度金利も市場金利にフルに連動するとの仮定をおく．

め，仮想ポートフォリオは固定金利商品のみで構成されるものとする．
▽各期間帯で，元本がネットアウトされているほか，ネットアウト後の平均クーポンも得られているものとする．
▽キャッシュフロー展開に当たって，利払いは半年ごととする．
▽10 y〜の期間帯の平均残存期間は 15 y とする．

3.3.1 キャッシュフロー展開

まず，各期間帯の元本残高と平均クーポンを用いて，クーポンのキャッシュフロー展開を行う（表 3.2）．展開されたクーポンと元本の合計額を各期間帯ごとに算出する．なお，先行き 6 か月ないし 1 年のネット金利収入は，当該期間帯のクーポン展開から求められる（例えば，先行き 6 か月のネット金利収入は 66.25（=−1933.75＋2000））．

表 3.2 キャッシュフロー展開

期間帯	元本残高	クーポン									合計
-6 m	−2000	0.50%	10	15	7.5	50	5	−7.5	−2.5	−11.25	−5	−1933.75
6 m-1 y	−3000	0.75%	10	15	7.5	50	5	−7.5	−2.5	−11.25		−2933.75
1-2 y	−500	1.00%	20	30	15	100	10	−15	−5			−345.00
2-3 y	−1000	1.50%	20	30	15	100	10	−15				−840.00
3-4 y	500	2.00%	20	30	15	100	10					675.00
4-5 y	4000	2.50%	20	30	15	100						4165.00
5-7 y	500	3.00%	40	60	30							630.00
7-10 y	1000	3.00%	60	90								1150.00
10 y-	500	4.00%	100									600.00

3.3.2 デュレーション法の場合

割引金利は期間帯によらず一定（3.0%）と仮定する．その割引金利からキャッシュフローの「時価」（(3.1) 式で定義したもの（ここでは連続複利ベース））を求め，各期間帯の平均クーポンから各期間帯に対応するデュレーションを算出する．金利が一定幅変化した場合（1 bp）の「時価」の変化額（「1 bp 変化値」）は，「時価」，デュレーションおよび金利変動幅の積から求める（表 3.3）．

こうして得られた仮想ポートフォリオの 1 bp 変化値をみると，イールドカ

3.3 具体的な金利リスク計算例

表 3.3 デュレーション法による計算（クーポンを考慮）

期間帯	元本	割引金利	「時価」	デュレーション	1 bp 変化値
-6 m	−2000	3.00%	−1990	0.5	0.09950
6 m-1 y	−3000	3.00%	−2955.4	0.99811	0.29498
1-2 y	−500	3.00%	−487.7	1.49243	0.07279
2-3 y	−1000	3.00%	−970.78	2.46223	0.23903
3-4 y	500	3.00%	487.854	3.39557	−0.16565
4-5 y	4000	3.00%	3959.16	4.28110	−1.69495
5-7 y	500	3.00%	512.337	5.53520	−0.28359
7-10 y	1000	3.00%	1034.06	7.56466	−0.78223
10 y-	500	3.00%	555.341	11.6476	−0.64684
					−2.86697

ーブの 1 bp パラレルシフトに対するセンシティビティが求められるほか，期間帯ごとには 4〜5 年付近の金利上昇に最もセンシティブであることがわかる．

仮想ポートフォリオは短期調達・長期運用（ショート・ロング・ポジション）となっているため，中長期の金利上昇は現在価値の減少に繋がる．この場合，デュレーション法を用いることによって，金利変化に対する各期間帯の具体的なセンシティビティを算出することができるため，例えば 4〜5 y の期間帯の金利上昇リスクのヘッジには，7〜10 y の期間帯の商品（例えば債券先物）をどの程度ショートにすればよいかといった定量情報を得ることが可能となる．

ちなみに，クーポンのキャッシュフロー展開を行わずに元本のみにデュレーション法を適用する場合を以下に示す（表 3.4）．

表 3.4 デュレーション法による計算
（クーポンを考慮しない）

期間帯	元本	デュレーション	1 bp 変化値
-6 m	−2000	0.5	0.1
6 m-1 y	−3000	0.99811	0.299433
1-2 y	−500	1.49243	0.074621
2-3 y	−1000	2.46223	0.246223
3-4 y	500	3.39557	−0.16978
4-5 y	4000	4.28110	−1.71244
5-7 y	500	5.53520	−0.27676
7-10 y	1000	7.56466	−0.75647
10 y-	500	11.6476	−0.58238
			−2.77755

表 3.5 デルタ値,

	合計	ゼロレート	現在価値			
-6 m	−1933.7	0.515%	−1931.3	−1931.2	−1931.3	−1931.3
6 m-1 y	−2933.7	0.546%	−2921.7	−2921.7	−2921.5	−2921.7
1-2 y	−345.0	0.629%	−341.76	−341.76	−341.76	−341.71
2-3 y	−840.0	0.912%	−821.06	−821.06	−821.06	−821.06
3-4 y	675.0	1.313%	644.666	644.666	644.666	644.666
4-5 y	4165.0	1.723%	3854.24	3854.24	3854.24	3854.24
5-7 y	630.0	2.063%	556.631	556.631	556.631	556.631
7-10 y	1150.0	2.640%	918.794	918.794	918.794	918.794
10 y-	600.0	3.138%	374.706	374.706	374.706	374.706
		合計	333.209	333.257	333.428	333.26
				-6 m	6 m-1 y	1-2 y
		デルタ値		0.04828	0.21912	0.05126

　本方式はクーポン展開を行わない点で，リスク管理上は，より簡便な方法である（例えば，クーポンのキャッシュフローを考慮した場合と同様，想定ポートフォリオは4〜5年付近の金利上昇に最もセンシティブであることがわかる）．しかし，より正確なリスク量の把握を指向する場合には，クーポンのキャッシュフローを考慮する方がより望ましいのは明らかである．

　なお，より簡便な方法としては，具体的なデュレーションを求めずに，「期間が n 倍となればデュレーションもおおむね n 倍となる」傾向があることをとらえて，例えば1年物換算値（1年物のデュレーションを1とおく）でリスク量を定義することも考えられる．

3.3.3　BPV法の場合

　デュレーション法の場合は，割引金利が各期間によらず一定であるとのやや非現実的な仮定をおいているとの欠点があった．一方，BPV法で，そうした仮定はおかず，実際の市場金利から計算した各期間帯を代表するゼロクーポン・レートを割引金利に使用する．なお，ゼロクーポン・レートは，Liborレートやスワップレートを用いて別途算出する．

　各期間帯のゼロクーポン・レートが1bp変化したときのポートフォリオの

3.3 具体的な金利リスク計算例

1 bpv の算出

−1931.3	−1931.3	−1931.3	−1931.3	−1931.3	−1931.3	−1931.2
−2921.7	−2921.7	−2921.7	−2921.7	−2921.7	−2921.7	−2921.5
−341.76	−341.76	−341.76	−341.76	−341.76	−341.76	−341.71
−820.85	−821.06	−821.06	−821.06	−821.06	−821.06	−820.85
644.666	644.44	644.666	644.666	644.666	644.666	644.44
3854.24	3854.24	3852.5	3854.24	3854.24	3854.24	3852.5
556.631	556.631	556.631	556.297	556.631	556.631	556.297
918.794	918.794	918.794	918.794	918.013	918.794	918.013
374.706	374.706	374.706	374.706	374.706	374.144	374.144
333.414	332.983	331.475	332.875	332.428	332.647	330.097
2-3 y	3-4 y	4-5 y	5-7 y	7-10 y	10 y-	1 bpv
0.20524	−0.2256	−1.734	−0.3339	−0.7806	−0.5616	−3.112

センシティビティ（いわゆるデルタ値）およびすべてのゼロクーポン・レートが同時に1bp動いた場合のポートフォリオの現在価値の変化額（1ベーシス・ポイント・バリュー＝1 bpv）を求める（表3.5）．

得られた結果をみると，4〜5年付近の金利上昇にポートフォリオは最もセンシティブであることがわかる（デュレーション法とほぼ同様の結果）．また1 bpv（−3.112）とデュレーション法における1 bp変化値（−2.866）を比較すると，水準的にはほぼ同様であり，デュレーション法もイールドカーブのパラレルシフトを想定した場合の現在価値（「時価」）の変化額を大雑把に把握す

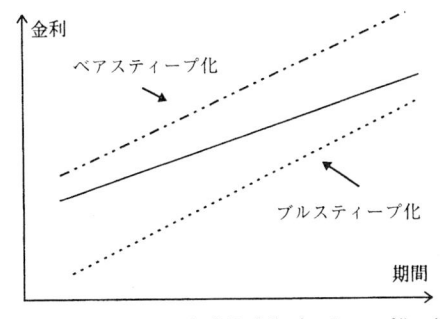

図3.3 イールドカーブの傾き変化（スティープ化の例）

る上ではそれなりに有効性があると判断できる[*6].

次に,イールドカーブがスティープ化またはフラット化した場合の現在価値の変化額を計算する.

以下では,イールドカーブの形状変化を,(1)傾きの変化(スティープ化／フラット化),(2)水準の変化(ブル化／ベア化)のあわせて4パターンに分けてとらえる(図 3.3).具体的な金利変化幅として,9個のゼロクーポン・レートのうち,最短期レートと最長期レートの変化幅を事前に与え,残りのゼロレートの変化幅は線形補間することによって求める.現時点のイールドカーブの形状を前提として,具体的な金利変化幅は以下の4通りとする.

① ベアフラット………最短期+30 bps, 最長期+20 bps
② ベアスティープ…… 〃 +20 bps, 〃 +30 bps
③ ブルフラット……… 〃 −20 bps, 〃 −30 bps
④ ブルスティープ…… 〃 −30 bps, 〃 −20 bps

計算結果は表 3.6 の通りである.これからもみてとれる通り,残存期間が長期になる(すなわちデュレーションが長い)ほど,金利の変動に対する現在価値の変化率は大きい.このため,想定ポートフォリオがショート・ロングの構造となっている関係から,現在価値はベア化により減少し,ブル化により増加する.また,傾きの変化(スティープ化／フラット化)の影響については,上

表 3.6 イールド・カーブ変化による現在価値変化

	合計	ゼロレート	現在価値	ベアフラット	ベアスティープ	ブルフラット	ブルスティープ
−6 m	−1933.75	0.5154%	−1931.3	−1929.8	−1930.3	−1932.2	−1932.7
6 m–1 y	−2933.75	0.5466%	−2921.7	−2915.2	−2917.3	−2926.2	−2928.3
1–2 y	−345.00	0.6296%	−341.76	−340.26	−340.69	−342.82	−343.26
2–3 y	−840.00	0.9123%	−821.06	−815.29	−816.6	−825.55	−826.87
3–4 y	675.00	1.3137%	644.666	638.562	639.537	649.835	650.827
4–5 y	4165.00	1.7232%	3854.24	3809.14	3813.1	3895.82	3899.86
5–7 y	630.00	2.0636%	556.631	548.301	548.386	565	565.087
7–10 y	1150.00	2.6407%	918.794	900.947	898.006	940.062	936.994
10 y–	600.00	3.1386%	374.706	363.632	358.218	391.953	386.118
			333.209	259.982	252.347	415.884	407.782
			変化額	−73.227	−80.861	82.6755	74.5732

[*6] しかし,デュレーション法では,イールドカーブの形状変化にともなう現在価値(「時価」)変化を把握できないとの欠陥があり,その点では BPV 法の方が汎用性が高い.

3.3 具体的な金利リスク計算例

表3.7 ゼロクーポン・レートの分散・共分散行列

	3m	6m	1y	2y	3y	4y	5y	7y	10y
3m	1	0.7196	0.6144	0.4198	0.4313	0.3825	0.3570	0.2327	0.2888
6m	0.7196	1	0.7419	0.5142	0.5581	0.5198	0.4817	0.3754	0.3879
1y	0.6144	0.7419	1	0.6454	0.6600	0.6426	0.6252	0.4874	0.5251
2y	0.4198	0.5142	0.6454	1	0.8276	0.8330	0.8239	0.6573	0.6848
3y	0.4313	0.5581	0.6600	0.8276	1	0.9485	0.9280	0.7335	0.7671
4y	0.3825	0.5198	0.6426	0.8330	0.9485	1	0.9606	0.7613	0.8364
5y	0.3570	0.4817	0.6252	0.8239	0.9280	0.9606	1	0.7994	0.8731
7y	0.2327	0.3754	0.4874	0.6573	0.7335	0.7613	0.7994	1	0.7241
10y	0.2888	0.3879	0.5251	0.6848	0.7671	0.8364	0.8731	0.7241	1

表3.8 ゼロクーポン・レートのボラティリティ

3m	6m	1y	2y	3y	4y	5y	7y	10y
2.7793	3.1002	3.2991	3.6523	2.8993	2.1947	1.7586	1.6487	1.1007

述の残存期間と金利変化に対するセンシティビティの関係から，フラット化の場合の方がスティープ化に比べ，現在価値の増加額が大きい（または減少幅が小さい）．

3.3.4 VaR法（マトリックス法）の場合

ここでは，3.3.3項で得られたデルタ値と別途算出したゼロクーポン・レートの分散・共分散行列およびボラティリティ（表3.7，3.8）から，(3.6)式を用いて具体的なVaRを計算する．なお，計算に当たっては，保有期間1日，信頼区間99%と仮定した．

この結果，仮想ポートフォリオのVaRは28.08であることが得られる．

まとめ

本章では，銀行勘定の金利リスクを簡便に把握するに当たっての具体的な手法を検討した．具体的には，期間損益，現在価値の2つのアプローチが必要であるとの認識から，期間損益ベースではマチュリティ・ラダー法について，また，現在価値ベースではデュレーション法，BPV法，VaR法（マトリックス法）について，考え方と具体的な計算例を示した．

なお，銀行勘定の金利リスクを把握する場合に考慮しなければならない問題

として，銀行勘定のポジションの保有期間をどのように設定すべきかという点がある．この点に関して，本章では，銀行勘定のポジションの保有期間が比較的短期であるとの仮定をおいて，金利リスクの計算を試みた．

一方，ポジション保有期間が短期間でないと判断される場合には，本章で触れたように，銀行勘定特有の性質をもつ商品（プリペイメント商品，制度金利商品など）や保有期間における金利変動などを勘案する必要がある．これらを考慮するためには，EaR法などのシミュレーションによってリスク量を把握することが必要となってくるが，本章では計算の簡単な概念を説明することにとどめた．

参 考 文 献

1) 池森俊文：金利リスクの統合管理について．金融研究, **15** (4)，日本銀行金融研究所, 1996．
2) 木山善直，山下　司，吉田敏弘，吉羽要直：銀行勘定における金利リスク―VaRのフレームワークを用いた定量化―．金融研究, **15** (4)，日本銀行金融研究所, 1996．
3) Litterman, R. and J. Sheinkman: Common factors affecting bond returns. *The Journal of Fixed Income*, June 1991.

4

オプション商品の非線形リスクの計量化

　オプション商品の非線形リスクを計測する場合には，シミュレーション法やシナリオ分析法のほか，いわゆるグリーク・レター法が用いられることがある．このグリーク・レター法は，オプション価格を示す関数を原資産価格などリスク・ファクターのテーラー展開で表す手法であるが，実務では，テーラー展開における3次以上の高次項を捨象できる，すなわち3次以上の微分係数（センシティビティ）が僅少であるとの仮定を前提とした原資産価格の2次項までの近似（デルタ＋ガンマ法）[*1] が用いられることが多い．しかし，こうした仮定が成立しない場合，すなわち3次以上の高次項を無視することができない場合には，この近似に基づくリスク計測手法は機能しなくなることが多いため注意が必要である．原資産価格による3次の微分係数は，"スピード"と呼ばれることがある（ちなみに，1次の微分係数が"デルタ"，2次の微分係数が"ガンマ"である）．

　本章では，具体的な仮想オプション・ポートフォリオ（円・ドル通貨オプションの集合）を用いて，シナリオ分析法とグリーク・レター法による非線形リスクの一つ（ガンマリスク）の計算例を示す[*2]．計算の結果，リスク管理上の保有期間を長めに設定した場合，グリーク・レター法ではリスク量を過小評価してしまうおそれがあること，またそのおそれは，オプションの満期までの期間が短くなっている際に，"スピード"の絶対値が大きくなる（すなわちガ

　（注）本章は以下の論文がベースとなっている．
　　　　家田明：オプションの非線形リスク計測における留意点．ディスカッション・ペーパー，97-J-4，日本銀行金融研究所，1997年2月．
　[*1]　以下で議論するグリーク・レター法は，特に断らないかぎり，デルタ＋ガンマ法をさす．
　[*2]　ここでは原資産価格（スポット・レート）以外のリスク・ファクターは一定と仮定．したがって，ベガリスク（ボラティリティ変化），セータリスク（満期までの期間変化）などは対象としない．

ンマの変化が大きい）ことを通じて起こること，が導かれる．

4.1 具体的なリスク量計算

4.1.1 仮想ポートフォリオの内容

仮想ポートフォリオは，以下の4本の円・ドル通貨オプション（すべてヨーロピアン・オプション）の集合体であるとする（表4.1．なお，評価日のスポット・レートは113.85円と仮定する）．

表4.1 ポートフォリオを構成する円・ドル通貨オプション

オプション	call/put	残高	行使レート	満期（年）
#1	call	−4500	112.50	0.0329
#2	call	5500	113.45	0.0356
#3	put	−1000	110.95	0.0356
#4	call	−2000	111.05	0.0575

4.1.2 シナリオ分析法による計算

シナリオ分析法によるガンマリスクの計算方法は以下の通りである．

① オプションの価値（PV），1次の微分係数であるデルタの算出には，ブラック・ショールズ方程式から導出した以下の解析解を使用する．ここで，S はスポット・レート，K は行使レート，T は満期までの期間，σ はボラティリティ，r_f, r は各々ドル，円のリスク・フリー・レートを示す．

$$PV_{call} = S \cdot e^{-r_f T} \cdot N(d) - K \cdot e^{-rT} \cdot N(d - \sigma\sqrt{T}) \quad (4.1)$$

$$PV_{put} = K \cdot e^{-rT} \cdot N(-d + \sigma\sqrt{T}) - S \cdot e^{-r_f T} \cdot N(-d) \quad (4.2)$$

$$Delta_{call} = \frac{\partial PV_{call}}{\partial S} = e^{-r_f T} \cdot N(d) \quad (4.3)$$

$$Delta_{put} = \frac{\partial PV_{put}}{\partial S} = e^{-r_f T} \cdot (N(d) - 1) \quad (4.4)$$

ただし，$d = \dfrac{\ln(S/K) + (r - r_f + \sigma^2/2)T}{\sigma\sqrt{T}}$, $N(d) = \dfrac{1}{\sqrt{2\pi}} \displaystyle\int_{-\infty}^{d} e^{-x^2/2} dx$

② ここでは非線形リスクを計測するため，$S = S_0$（S_0 は評価日のスポット・レート）におけるデルタ（表4.2）を用いて，ポートフォリオのデルタ・

表4.2 $S=S_0$ における仮想ポートフォリオのPV, デルタ

オプション	PV	デルタ
#1	−50.70	−32.36
#2	30.50	26.98
#3	−0.09	0.17
#4	−44.18	−16.30
合計	−64.47	−21.50

ヘッジを行う．

$$\text{デルタ・ヘッジ後の}PV$$
$$=PV-\frac{\partial PV}{\partial S}\bigg|_{S=S_0}\cdot(S-S_0)=PV-Delta_{S=S_0}\cdot(S-S_0) \tag{4.5}$$

③ 次に，一定のシナリオに基づいてスポット・レートを変化させて，デルタ・ヘッジ後のポートフォリオの価値の変化を測定する．具体的には，スポット・レートについて「$S_0\pm 2.33\sigma\sqrt{t}$」の計測区間を定め，この区間内で均等に設定したリスク計測レートごと[3]にブラック・ショールズ式を用いてポートフォリオの価値を再計算する．

その中で最低価値であり，かつそれが現在値を下回る場合にのみ，その下回った幅をリスク量とする（ここでは，このリスク量をガンマリスクと定義[4]）．

④ 保有期間 t は，1日間，5日間，7日間の3つの場合を設定する[5]．各々の保有期間で，対象計測区間とガンマリスクは次の通りとなる（表4.3，図4.1）．なお，保有期間が1日間の場合には，③の定義によりガンマリスクはゼロとなる．

4.1.3 グリーク・レター法による計算

グリーク・レター法によるガンマリスクの計算は以下の通りである．

① オプションの価値（PV）の変化を次のように $S=S_0$ の回りでのテーラ

---

[3] ここでは計測区間を33のリスク計測レートに分割した．
[4] テーラー展開における2次の項の効果に加え，3次以上の高次項の効果も含まれる．
[5] 仮想ポートフォリオのうちオプション #1〜#3 の残存期間を勘案し，ここでは保有期間を最高7日間に設定した．

表4.3 保有期間ごとの計測区間とガンマリスク

保有期間	計測区間	ガンマリスク
1日間	112.60〜115.10 円	0.00
5日間	111.06〜116.64 円	11.17
7日間	110.55〜117.15 円	20.58

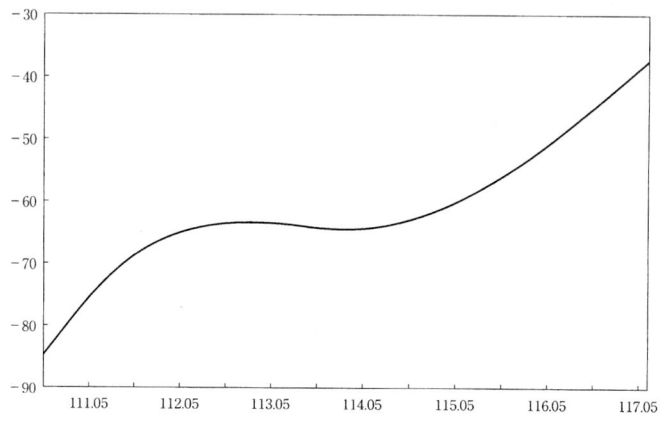

図4.1 デルタ・ヘッジ後ポートフォリオの価値 (PV)
縦軸：PV, 横軸：円・ドルレート

一近似（2次の項まで）で表す．

$$\varDelta PV = \frac{\partial PV}{\partial S}_{S=S_0} \cdot (S-S_0) + \frac{1}{2}\frac{\partial^2 PV}{\partial S^2}_{S=S_0} \cdot (S-S_0)^2 \qquad (4.6)$$

② (4.6) 式の右辺第2項が（グリーク・レター法における）ガンマリスクを示している（ただし，右辺第2項の係数が非負の値（ポジティブ・ガンマ）である場合にはガンマリスクはゼロ）．

③ $S=S_0$ におけるガンマ（2次の微分係数）を (4.7) 式から計算し，それが負の値である場合には，保有期間 t に対応した計測区間幅 ($S-S_0=2.33\sigma\sqrt{t}$) を代入して，ガンマリスクを算出する．本章の仮想ポートフォリオの場合には，ガンマは合計でポジティブ・ガンマ (4.50) となるため（表4.4），ガンマリスクはゼロと計算される（数式上は保有期間 t によらずガンマリスクはゼロとなる）．

$$Gamma_{call} = Gamma_{put} = \frac{\partial^2 PV}{\partial S^2} = \frac{\partial Delta}{\partial S} = \frac{e^{-(r_f T + d^2/2)}}{S\sigma\sqrt{2\pi T}} \qquad (4.7)$$

$$ただし,\ d = \frac{\ln(S/K) + (r - r_f + \sigma^2/2)T}{\sigma\sqrt{T}}$$

表4.4　$S = S_0$ における仮想ポートフォリオのガンマ

オプション	ガンマ
#1	−8.08
#2	14.28
#3	−0.32
#4	−1.37
合計	4.50

4.1.4　線形リスクとの比較

シナリオ分析法で算出した仮想ポートフォリオのガンマリスクを線形リスク（分散共分散法で計算したリスク）と比較すると，特に保有期間が7日間の場合，ガンマリスクは線形リスクの3割程度に達しており，看過できない水準であることがわかる（表4.5）．

表4.5　ガンマリスクと線形リスク

保有期間	ガンマリスク (a)	線形リスク (b)	(a/b)
1日間	0.00	26.83	0.00%
5日間	11.17	60.00	18.62%
7日間	20.58	70.99	28.99%

4.2　若干の考察

上記の結果をまとめると，仮想ポートフォリオのガンマリスクは，シナリオ分析法とグリーク・レター法によって以下のような相違が生じる．

① シナリオ分析法…保有期間が1日ではリスク量はゼロ．保有期間が5, 7日ではリスク量が計測される．

② グリーク・レター法…保有期間によらずリスク量はゼロ．

この相違の要因は，グリーク・レター法ではスポット・レートに対するガン

マの変化を無視している（(4.6)式右辺第2項の係数（ガンマ/2）をおおむね一定とおいている）ことにある．すなわち，デルタヘッジ後の仮想ポートフォリオの価値（PV）曲線は，図4.1で示した通り，大きく蛇行する形状をとっており，保有期間を長めに設定した場合には，価値曲線をスポット・レートの2次式で近似するのは不可能である．

実際，スポット・レートによるガンマの変化をみる（図4.2）と，評価日のスポット・レート（113.85円）近傍ではガンマは正の値となるが，スポット・レートが113.20円付近を下回る水準では負の値に転じており，保有期間を長めに設定した場合には，3次以上の高次項を無視できる（ガンマがおおむね一定）というグリーク・レター法の前提は成立しないことになる．

3次の微分係数（"スピード"と呼ばれることがある）は，(4.8)式で表される．これをみると，"スピード"の絶対値は，満期までの期間Tが短いほど大きくなることがわかる[*6]．この点，本章の仮想ポートフォリオには，相対的に満期が短いオプション（#1〜#3）が含まれているため，"スピード"の絶対値（ガンマの変化）が大きくなったと考えられる．

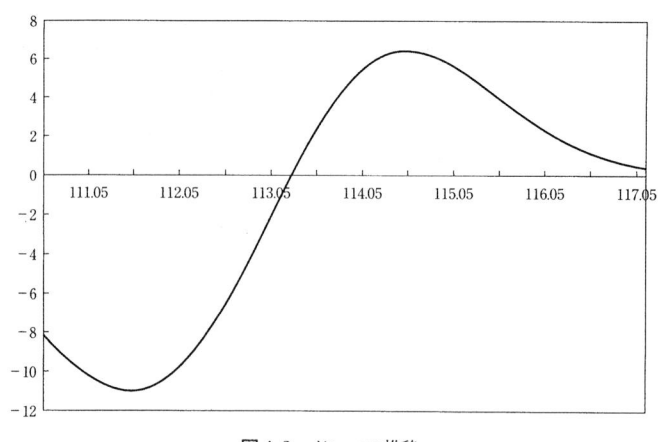

図4.2 ガンマの推移

[*6] (4.7)式から，Tが小さい場合には，ガンマの絶対値も大きな値をとることがわかる．

4.2 若干の考察

$$Speed \equiv \frac{\partial Gamma}{\partial S} = \frac{\partial^3 PV}{\partial S^3} = -\frac{e^{-(r_f T + d^2/2)}}{S^2 \sigma \sqrt{2\pi T}} \cdot \left(1 + \frac{d}{\sigma\sqrt{T}}\right) \qquad (4.8)$$

$$\text{ただし,} \quad d = \frac{\ln(S/K) + (r - r_f + \sigma^2/2)T}{\sigma\sqrt{T}}$$

ちなみに,"スピード"を使って,本章でのグリーク・レター法(2次項までのデルタ+ガンマ法)を3次項の効果も勘案する形に拡張して,リスク量の計算を試みる.

すなわち,ここでは,スポット・レート変化によるPVの変化($\Delta PV'$)をグリーク・レター法の3次項までで表し((4.9)式),$\Delta PV'$がマイナスの値となった場合に,当該値をガンマリスクと定義する.

計算の結果(表4.6),保有期間1日では,ガンマリスクはゼロとなることがわかる.一方,保有期間5,7日では,ガンマリスクが計測されるが,その水準はシナリオ分析法の結果に比べ半分程度にとどまるとの結果が得られる[*7].

$$\Delta PV' = \frac{1}{2} \frac{\partial^2 PV}{\partial S^2}\bigg|_{S=S_0} \cdot (S - S_0)^2 + \frac{1}{6} \frac{\partial^3 PV}{\partial S^3}\bigg|_{S=S_0} \cdot (S - S_0)^3 \qquad (4.9)$$

表4.6 保有期間ごとの $\Delta PV'$ とガンマリスク

保有期間	計測区間	$\Delta PV'$	ガンマリスク	シナリオ分析の ガンマリスク
1日間	112.60〜115.10円	+1.55	0.00	0.00
5日間	111.06〜116.64円	−4.36	4.36	11.17
7日間	110.55〜117.15円	−11.70	11.70	20.58

まとめ

オプションの非線形リスク計測において,簡便法としてグリーク・レター法(デルタ+ガンマ法)を使用する場合,ガンマを原資産価格で微分した微分係数,いわゆる"スピード"の水準に対する注意が最低限必要である.特にリスク管理上の保有期間を長めに設定しているときに,"スピード"の水準をチェ

[*7] 本章の仮想ポートフォリオにグリーク・レター法を適用して非線形リスクを計測する場合には,少なくともテーラー展開における4次以上の高次項の効果を勘案する必要があることになる.

ックせずに機械的に同手法を適用するとガンマリスクを看過してしまうおそれがある[*8,9)]．

したがって，オプションのポジションが大きい場合やリスク計測日から満期までの期間が短くなっているなどの場合には，リスク計測に単純にグリーク・レター法（デルタ＋ガンマ法）を適用するのは危険であり，シナリオ分析法やシミュレーション法など他の計測手法を使用することが望ましい．

このことは，エキゾチック・オプションなど比較的複雑な商品性をもつオプションを扱っている場合に限らず，本章のように構造が単純なヨーロピアン・オプションのみを扱っている場合にも成立することがあるので，リスク管理上は重要なポイントである．

[*8)] 保有期間が1日程度であれば，こうした問題が発生する可能性は小さくなる．しかし，ポートフォリオによっては，保有期間1日に対応する原資産価格の計測区間内で PV が大きく変化する可能性もあるだけに，グリーク・レター法を使用する場合には同手法のそうした限界も理解しておくことが肝要である．

[*9)] 本章では原資産価格以外のリスク・ファクターを一定とおいているが，満期までの期間 T が十分に小さいとき（$T \ll 1$）には，T の変化によるガンマの変化は"スピード"（原資産価格の変化によるガンマの変化）以上に大きくなる（次式参照（$O(\cdot)$ はオーダーを示す））ため，リスク管理上は注意が必要である．

$$\frac{\partial Gamma}{\partial T} = Gamma \cdot \left(2d \cdot \frac{\partial d}{\partial T} - \frac{1}{2T} + r_f\right) \sim Gamma \cdot O(T^{-2})$$

$$Speed = \frac{\partial Gamma}{\partial S} = -\frac{Gamma}{S} \cdot \left(1 + \frac{d}{\sigma\sqrt{T}}\right) \sim Gamma \cdot O(T^{-1})$$

5

モンテカルロ法によるオプション商品のプライシング

　本章では，モンテカルロ法を用いたオプション商品のプライシングを解説する．モンテカルロ法は乱数（random number）を取り扱う数値計算手法の総称であり，オプション商品を含む金融派生商品のプライシングは，原資産価格が従う確率過程に基づいて原資産価格のパスを乱数によって多数個生成し，満期時点におけるペイオフの割引現在価値の平均値を求めるという手順で行われる．

　オプション商品のプライシングには，モンテカルロ法以外では，厳密解の導出，有限差分法や格子法などの数値計算手法の適用といったアプローチがある．しかし，プライシング・モデルからは厳密解が求められないことが多い上，有限差分法や格子法には，基本的に経路依存性のない商品価格を経路依存性のないモデルで評価する場合にのみ適用可能であるとの制約が存在する．つまり，エキゾチック・オプションなどの経路依存型商品[*1)]のプライシングでは，厳密解がない場合，原則としてモンテカルロ法を使用せざるを得ない．

　このため，実務的には，オプション商品のプライシングにおけるモンテカルロ法の活用が進んでおり，計算効率化を図るための各種技術の開発・適用も広範化している．本章では，モンテカルロ法の概念整理に加えて，オプション価格のモンテカルロ法による具体的プライシング事例を示すことにより，実務への応用を行いやすいようにした．

　本章の構成は次の通りである．5.1節では，モンテカルロ法の適用対象，一様乱数の概念や特定の分布（正規分布）に従う乱数の発生方法および分散減少

[*1)] 経路依存性をもつ商品としては，ルックバック・オプション，アベレージ・オプション，バリア・オプションなどがあげられる（ルックバック，アベレージの両オプションは，本章で具体的なプライシング事例としてとりあげる）．

法やいわゆる"準乱数"などを解説する．次に，5.2節では，モンテカルロ法の具体的な適用事例[*2]として，ヨーロピアン・オプション，ルックバック・オプション，アベレージ・オプションのプライシングを行い，分散減少法や準乱数を用いた場合の精度の改善度合いを示す．

5.1 モンテカルロ法の基本的な概念・手法

5.1.1 モンテカルロ法の適用対象となる問題

モンテカルロ法は，乱数[*3]を取り扱う数値計算手法の総称である．モンテカルロ法の適用対象となる問題は，大別して，① 決定論的問題，② 確率的問題とになる．

① の決定論的問題は，元来それ自体が確率とは直接的には無関係であっても，間接的になんらかの確率事象に結びつけることが可能であれば，モンテカルロ法を適用することができる．これの代表的な例としては，数値積分があげられる．例えば，定積分

$$I = \int_0^1 f(x)dx \tag{5.1}$$

を数値計算で求める場合，ξ を区間 $[0,1]$ に一様に分布する乱数とし，$p(x)$ を

$$p(x) = \begin{cases} 1 & (x \in [0,1] \text{ のとき}) \\ 0 & (\text{その他のとき}) \end{cases} \tag{5.2}$$

となる確率密度関数とすると，

$$E[f(\xi)] = \int_0^1 f(x)p(x)dx = I \tag{5.3}$$

が成立する（$E[\cdot]$ は期待値）．そこで以下のように N 個の乱数を発生させ，その平均をとることにより，(5.3) 式の近似値を得ることができる．

$$I = E[f(\xi)] \cong \frac{1}{N}\sum_i^N f(\xi_i) \tag{5.4}$$

[*2] 本章では，配当支払のない証券（株式）を原資産とするデリバティブ商品をとりあげる．
[*3] 乱数に関する詳細は，文献 3)〜5) を参照．

②の確率的問題を対象とする場合は，事象の推移過程を支配する確率法則をモデル化しても，解析的な評価が困難である際に，当該モデルに従う事象の生起をコンピュータ上で発生させることにより，代替的に評価を行うという手法が用いられる．これをモンテカルロ・シミュレーションと呼ぶ．

5.1.2 一様乱数

モンテカルロ法では，一般的にコンピュータによって発生させた乱数を用いるが，コンピュータで発生させる乱数を特に擬似乱数[*4]（pseudo random number）と呼ぶことが多い．コンピュータには，通常，一様乱数（(0,1)の区間に一様な乱数を標準一様乱数と呼び，$U(0,1)$ と標記する）の発生ルーチンが組み込まれている．

一様乱数列の生成手法として，これまで最も多用されているのは，線形合同法（linear congruential method）であり，コンピュータの乱数発生ルーチンには，通常これが用いられている．同法は，次の漸化式[*5]

$$X_n \equiv aX_{n-1}+c \quad (\mathrm{mod}\ M) \tag{5.5}$$

を用いて，非負の整数列を生成する手法である．区間 (0,1) 上の乱数に変換するには，$x_n=X_n/M$ とすればよい．また，特に $c=0$ の場合を乗算合同法，$c \neq 0$ の場合を混合合同法と呼ぶ．

コンピュータ上で発生させる乱数に求められる性質としては，事象が生起する時間が問題となる場合はランダム性の高さであり，数値積分では一様性の高さである．この点，金融派生商品のモンテカルロ法によるプライシングは，後述するように期待値の積分演算の近似を行うことになるため，乱数の一様性の高さが特に重要となる．

コンピュータに組み込まれているルーチンで発生させた乱数（$U(0,1)$）がどの程度の一様性をもつかをみるために，各々1000個，5000個，10000個，

[*4] 以下では，擬似乱数を単に乱数と呼ぶ．
[*5] mod (modulus) M は，M で割った余りを与える演算である．この漸化式から，乱数列の周期は明らかに M をこえないので，実務上は M を大きな値とすることが必要となる（例えば，$M=2^{32}-1$, $a=7^5$, $c=0$ などが使用されている）．

100000個の乱数を発生させ[*6]，それを (0,1) 間の 0.01 刻みのヒストグラムで表したものが図 5.1 である．これをみると，1000 個，5000 個程度の乱数では一様性はあまりみられず[*7]，100000 個程度に至ってようやく一様性が確保されはじめる．このことは，積分計算をモンテカルロ法で近似する場合，十分に誤差を小さくするためには，乱数を多数個発生させる必要があることを示しているといえる（詳細は後述）．

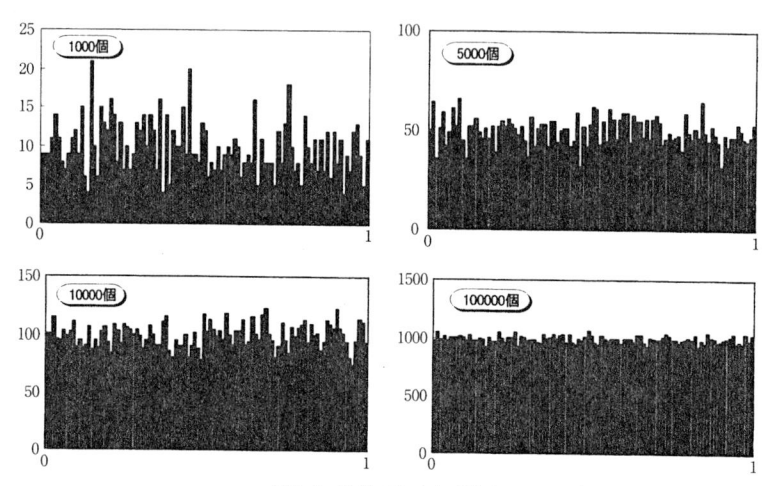

図 5.1 乱数のヒストグラム

5.1.3 一様乱数から正規分布に従う乱数への変換

金融派生商品価格の変動を記述するモデルでは，ボラティリティ項が正規分布に従うとの仮定をおくことが多い．このため，ここでは，一様乱数から正規分布に従う乱数（正規乱数）への変換手法を解説する．これにはいくつかの手法が知られているが，（1）Box-Muller 法，（2）逆関数法を用いる手法，の 2 つ[*8]を示す．

[*6] プログラム言語 Visual Basic に内蔵されている乱数発生ルーチンを用いた．
[*7] 文献 7) では，C 言語で作成した乱数発生ルーチン（文献 2）に記載されている ran2（線形合同法を使用））で同様のヒストグラム（1000 個の乱数）を掲げているが，この例でも 1000 個程度では一様性はほとんど確保されていないことがわかる．
[*8] この他には，Marsaglia 法などがある（詳細は文献 3) を参照）．

a. Box-Muller 法

これは，区間 (0,1) の独立な一様乱数 x_1, x_2 を以下の極座標を用いた変換式によって，2 つの独立な標準正規乱数に変換する手法である[*9]．なお，この変換手法に関する簡単な説明を脚注[*10]に掲げた（厳密な証明については，例えば文献 1) を参照）．

$$y_1 = \sqrt{-2\ln x_1}\cos(2\pi x_2), \quad y_2 = \sqrt{-2\ln x_1}\sin(2\pi x_2) \tag{5.6}$$

b. 逆関数法を用いる手法

逆関数法 (inverse transform method)[*11]は，一般の連続分布に従う乱数を生成する手法として用いられている．しかし，以下の（標準）正規分布の累積確率密度関数（図 5.2 参照）の逆関数を解析的に求めることはできないため，逆関数の値は数値計算によって求める．

$$P(x) = \frac{1}{\sqrt{2\pi}} \int_{-\infty}^{x} e^{-t^2/2} dt \tag{5.7}$$

このため，正規分布の累積確率密度関数の逆関数の近似手法がいくつか提案されているが，最近では文献 9) で示された手法が，特に分布の裾の部分につ

[*9] ただし，後述する準乱数から（標準）正規乱数を生成する場合には，Box-Muller 法は使用できない (b. の逆関数法を用いる手法で生成する)．この点は，文献 7) を参照．

[*10] x_1, x_2 の同時確率密度関数を $p_x(x_1, x_2)$, x の関数 y の同時確率密度関数を $p_y(y_1, y_2)$ とすると，

$$p_y(y_1, y_2) dy_1 dy_2 = p_x(x_1, x_2) \frac{\partial(x_1, x_2)}{\partial(y_1, y_2)} dx_1 dx_2$$

が成立する（ここで $\partial(\cdot)/\partial(\cdot)$ は，ヤコビ行列式である）が，簡単な計算により

$$\frac{\partial(x_1, x_2)}{\partial(y_1, y_2)} = \left(\frac{1}{\sqrt{2\pi}} e^{-y_1^2/2}\right)\left(\frac{1}{\sqrt{2\pi}} e^{-y_2^2/2}\right)$$

となることから，各々の y は独立に正規分布に従うことがわかる．

[*11] 一様乱数 x を生成し，ある関数で $y(x)$ に変換したとする．x, y の確率密度関数を $p_x(x)$, $p_y(y)$ とすると，

$$p_x(x) dx = p_y(y) dy$$

が成立する．$0 < x < 1$ で $p_x(x) = 1$ であるので，

$$\frac{dx}{dy} = p_y(y)$$

となり，$P_y(y)$ を $p_y(y)$ の不定積分として，

$$y(x) = P_y^{-1}(x) \quad (P^{-1} は P の逆関数)$$

によって求めることができる（P の逆関数が解析的に求められない場合には数値計算で求めることになる）．

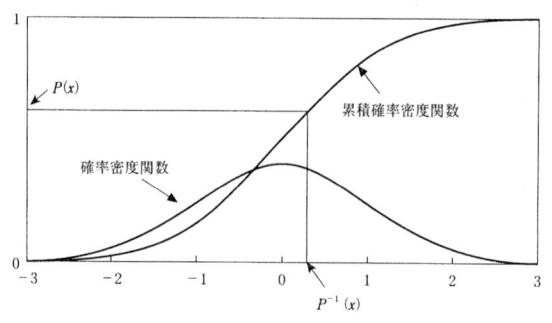

図5.2 標準正規分布の累積確率密度関数と確率密度関数*[12]

いても高い精度が得られるとして活用されている．

具体的には（詳細は文献9）を参照），上記 P が $0.08<P(x)<0.92$ のときには，Beasley-Springer による次の関数

$$P^{-1}(x) = y \frac{\sum_{n=0}^{3} a_n y^{2n}}{1+\sum_{n=1}^{4} b_n y^{2n}} \tag{5.8}$$

を用いる（ただし，$y=P(x)-0.5$，a_n, b_n は定数）一方，分布の裾の部分に当たる $P(x)<0.08$ または $0.92<P(x)$ の場合には，別途，次の関数

$$P^{-1}(x) = \sum_{n=0}^{8} c_n z^n \tag{5.9}$$

を用いる（ただし，z は P の関数（z の関数形は $P(x)<0.08$ のときと $0.92<P(x)$ のときとでは異なる）），c_n は定数）．

5.1.4 モンテカルロ法によるオプション商品のプライシングの基本手法

オプション商品価格（厳密解）の導出では，一般的に，リスク中立測度のもとで，確率密度関数を用いた積分計算を用いる．この点，上述したようにモンテカルロ法の適用対象となる問題の一つに数値積分があり，オプション商品のプライシングにもモンテカルロ法が適用可能であることがわかる．

これを最も単純なオプションであるヨーロピアン・オプションを例にとり，

---

*[12] 標準正規分布の確率密度関数は，$\dfrac{d}{dx}P(x) = \dfrac{1}{\sqrt{2\pi}} e^{-x^2/2}$ で与えられる．

具体的に示す．まず，証券価格 S_t が以下の（対数）正規過程に従って変化すると仮定する．

$$dS_t = rS_t dt + \sigma S_t dW_t \quad (5.10)$$

ただし，r：無リスク金利
σ：ボラティリティ
dW_t：ウィナー過程

この場合，時間 T での証券価格は以下で与えられる[*13]．

$$S_T = S_0 \exp\left(\left(r - \frac{\sigma^2}{2}\right)T + \sigma W_T\right) \quad (S_0 \text{ は現時点の価格}) \quad (5.11)$$

ここで，証券 S_t を原資産とするヨーロピアン・コール・オプションの価格（現在価値）C は，満期 T におけるペイオフ C_T の期待値の割引現在価値として以下のように表すことができる．

$$\begin{aligned} C &= e^{-rT} E[C_T] \\ &= e^{-rT} \int_{-\infty}^{\infty} max(S_T - K, 0) f(S_T) dS_T \\ &= e^{-rT} \int_{K}^{\infty} (S_T - K) f(S_T) dS_T \end{aligned} \quad (5.12)$$

ただし，S_T：満期における原資産価格
$f(S_T)$：分布（対数正規分布）の確率密度関数
K：オプション行使価格

モンテカルロ法では，この確率密度関数に従う N 個の $S_{Tj}(j=1,2,\cdots,N)$ を発生させ，以下のようにその平均をとることにより近似的に解を算出する．

$$C \cong e^{-rT} \frac{1}{N} \sum_j^N max(S_{Tj} - K, 0) \quad (5.13)$$

この際，N 個の $S_{Tj}(j=1,2,\cdots,N)$ は標準正規乱数 $\varepsilon_j \sim N(0,1)$ を使い，上

[*13] この導出には，伊藤の補題を用いる．文献2) などを参照．

式から以下のように発生させる．

$$S_{Tj} = \exp\left(\left(r - \frac{\sigma^2}{2}\right)T + \sigma\varepsilon_j\sqrt{T}\right) \quad (j=1,2,\cdots,N) \quad (5.14)$$

5.1.5 モンテカルロ法の精度

モンテカルロ法による金融派生商品価格の計算（数値積分）は，乱数 x を発生させ，戻り値（$f(x)$）の算術平均（$A(N)$）をとることにより真の価格の推定値を求める操作である．

$$A(N) = \frac{1}{N}\sum_{j}^{N} f(x_j) \quad (5.15)$$

この $A(N)$ の推定値としての確からしさをみる尺度としては分散があるが，それは，

$$Var(A(N)) = Var\left[\frac{1}{N}\sum_{j}^{N} f(x_j)\right] = \frac{1}{N^2} Var\left[\sum_{j}^{N} f(x_j)\right] = \frac{1}{N} Var(f(x_j)) \quad (5.16)$$

で与えられる．なお，最後の等式は $f(x_j)$ ($j=1,2,\cdots,N$) が互いに独立であることによる．

したがって，推定値と真の価格の間の誤差（標準偏差）[*14] は $N^{-1/2}$ のオーダーである（これを $O(N^{-1/2})$ と書く）ことがわかる．つまり，モンテカルロ法で精度を例えば100倍に高めるためには，試行回数を10000倍に増やさなければならないことになる．

5.1.6 精度を高めるための一般的手法

上述したように，モンテカルロ法ではサンプル数を N とすると，誤差は $O(N^{-1/2})$ であり，精度を十分高めようとすると，試行回数を格段に増加させることが必要となる．そこで，ここでは，単純に試行回数を増やすという形では

[*14] 分散＝（標準偏差）^{2} である．

なく,精度を高める(誤差を小さくする)手法として,(1) $N^{-1/2}$ の係数(すなわち分散)を小さくする分散減少法(variance reduction method),(2) 誤差を $O(N^{-1/2})$ より小さくするためのいわゆる"準乱数"(low discrepancy sequence)の利用,を説明する.

a. 分散減少法

分散自体を小さくするための分散減少法(variance reduction method)の代表的なものとして,① 対称変量法(antithetic variate method)と ② 加重サンプリング法(importance sampling method)の 2 つ[15]の説明を行う.

1) 対称変量法

期待値が同じ 2 つの変量 A,B を考える.この場合,$(A+B)/2$ の期待値も当然ながら A,B の期待値に一致するが,A,B 間に負の相関がある際には,$A/2$,$B/2$ 個々の分散の和よりも $(A+B)/2$ の分散は小さくなる.すなわち,期待値を $E(\cdot)$,分散を $Var(\cdot)$,共分散を $Cov(\cdot,\cdot)$ とすると,

$$Var\left[\frac{A+B}{2}\right] = \frac{1}{4}Var[A] + \frac{1}{4}Var[B] + \frac{1}{2}Cov(A,B)$$
$$= \frac{1}{4}Var[A] + \frac{1}{4}Var[B] + \frac{1}{2}E[AB] - \frac{1}{2}E[A]E[B] \quad (5.17)$$

であるので,$Cov(A,B)<0$ であれば上記が成立する.

例えば,x を標準一様乱数 $U(0,1)$ として次の定積分

$$I = \int_0^1 e^x dx = E[e^x] \quad (5.18)$$

を計算する際,$y=(e^x+e^{1-x})/2$ とおくと $E[y]=I$ であり,分散は

$$Var[y] = \frac{1}{4}Var[e^x] + \frac{1}{4}Var[e^{1-x}] + \frac{1}{2}E[e^x e^{1-x}] - \frac{1}{2}E[e^x]E[e^{1-x}] \quad (5.19)$$

であるが,

$$E[e^x] = E[e^{1-x}] = e-1 \quad (5.20)$$

---

[15] この他の手法としては,層別サンプリング法(stratified sampling method),制御変量法(control variate method)などがあげられる(詳細は,文献 3),13)を参照).

$$Var[e^x] = Var[e^{1-x}] = E[e^{2x}] - E^2[e^x]$$
$$= \frac{1}{2}(e-1)(3-e) = 0.242036 \qquad (5.21)$$

であるので，結局 (5.19)～(5.21) 式より

$$Var[y] = \frac{1}{4}(-3e^2 + 10e - 5) = 0.003912 \qquad (5.22)$$

となる．したがって，(5.21) 式，(5.22) 式より，x と $1-x$ の乱数のセットを使って評価すると，独立の乱数を使用する場合に比べて，98.4% の分散削減効果があることがわかる．

2) 加重サンプリング法

定積分

$$I = \int_a^b f(x)dx \qquad (5.23)$$

を計算する際に，y を $[a,b]$ に確率密度 $g(x)$ で分布する確率変数，$E_g[\cdot]$ をそのもとでの期待値とすると，

$$I = \int_a^b \frac{f(x)}{g(x)} g(x) dx = E_g\left[\frac{f(y)}{g(y)}\right] \qquad (5.24)$$

と変形できる．ここで，y_i を y の乱数とし，それを N 個発生させたときの I の近似値を I_n とすると，その分散は

$$Var[I_n] = \frac{1}{N}\left[\int_a^b \left\{\frac{f(x)}{g(x)}\right\}^2 g(x)dx - I^2\right]$$
$$= \frac{1}{N}\left[\int_a^b \frac{(f(x))^2}{g(x)}dx - \left(\int_a^b f(x)dx\right)^2\right] \qquad (5.25)$$

となるので，分散を最小化するには，$g(x)$ を

$$g(x) = \frac{f(x)}{\int_a^b f(x)dx} \qquad (5.26)$$

と選べばよいことになる．しかし，(5.26) 式の右辺の分母が求めようとしているもの（未知数）なので，かわりに分母が定数であることから積分区間の中

で $g(x)/f(x)$ がおおむね一定になるように $g(x)$ を選択するのが一般的である.

例えば,次の定積分

$$I = \int_0^1 x^2 dx \tag{5.27}$$

を評価するとする. $g(x)=2x$ とおくと,N 回の乱数を発生させた場合の分散は,

$$\begin{aligned}Var[I_n] &= \frac{1}{N}\left\{\int_0^1 \frac{x^3}{2}dx - \left(\int_0^1 x^2 dx\right)^2\right\} \\ &= \frac{0.013888}{N}\end{aligned} \tag{5.28}$$

となる一方,$Var[x^2]$ は簡単な計算により $0.088888/N$ であるので,この場合は,84.3% の分散減少効果があることがわかる.

b. 準乱数

ここでは準乱数(low discrepancy sequence)[*16] による近似精度の改善手法を説明する.上述した通り,金融派生商品価格の導出では,確率密度関数を用いた積分計算を行う.モンテカルロ法で数値積分を行う場合,少ない数の乱数で精度よく評価するためには,乱数の本来の性質である「ランダム性」よりも「一様性」が重視される.準乱数は (0,1) の区間に規則的に並べられた点列であるが,特に一様性の性質が強いことから,これを積分計算に使うことによって評価精度を高めることができる[*17].

準乱数の生成アルゴリズムには,いくつかのバリエーションが知られている[*18].ここではその中でそれを用いた場合の計算精度が比較的高いといわれ

[*16] 準乱数に関する全般は,文献 10),15) などを参照.また,具体的な定義などを補論 1 に掲げた.なお,low discrepancy sequence は,乱数のもつ性質の一つである「ランダム性」を追求したものではないため,厳密にいえば,"乱数"と称するのは適当でない.しかし,本章では,簡便化のためあえて,"準乱数"と呼ぶことにする.

[*17] 準乱数をデリバティブ商品のプライシングに活用する動きは実務家の間で近年活発化している(文献 6),11)).これは,コロンビア大学の J. Traub と S. Paskov が CMO の価格付けの問題をとりあげ,準乱数を用いることで従来のモンテカルロ法に比べ格段に高い精度を得たと報告したことが契機となったといわれている.

[*18] 本章でとりあげる Sobol sequence のほか,Halton sequence,Faure sequence,およびこれらを含んだより一般的な generalized Niederreiter sequence などがある.なお文献 7) には,3 種類(Sobol,Halton,Faure)の準乱数の具体的な生成アルゴリズムの解説がある.

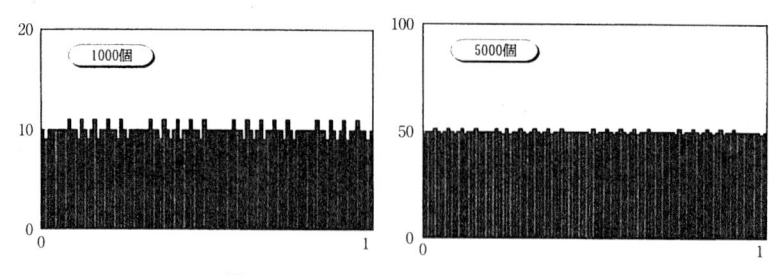

図 5.3 Sobol sequence のヒストグラム

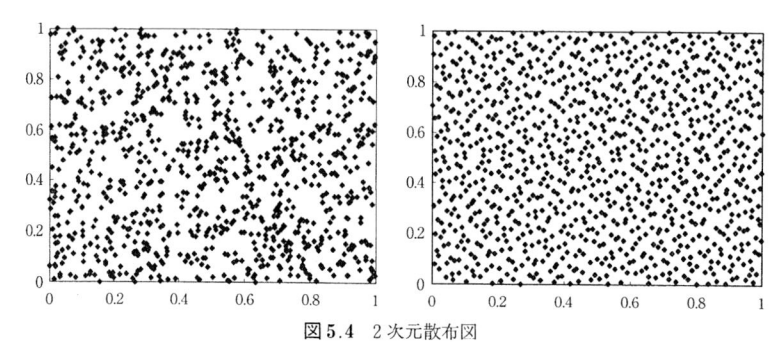

図 5.4 2 次元散布図
1000 個, 左：乱数, 右：Sobol sequence

ている Sobol sequence について，アルゴリズム（補論 2 参照）に沿ってコンピュータ上で点列を生成するプログラムを作成した[*19]．そのプログラムを用いて，各々1000 個，5000 個の Sobol sequence を発生させ，それを (0,1) 間に 0.01 刻みのヒストグラムで表したものが図 5.3 である．これを乱数の場合のヒストグラム（図 5.1）と比較してみると，Sobol sequence の場合には少ない個数でも相対的に高い一様性をもっていることがわかる．

また，乱数および Sobol sequence を各々1000 個ずつ 2 回生成し，それを 2 次元散布図に表したものが図 5.4 である．これをみると，乱数の場合には，点が密になっている部分と疎になっている部分がある一方，Sobol sequence の場合は，点が 2 次元平面上におおむね一様に散布されていることがわかる．

準乱数を用いて数値積分を行った場合の誤差は，$O(N^{-1})$ であることが導かれており（この点は補論 1 を参照），乱数を用いた場合の誤差 $O(N^{-1/2})$ に比べると，一定の精度を得るための試行回数を大幅に少なくすることが可能で

[*19] 補論 3 に，本章で用いた Sobol sequence の生成プログラムの一部（中核部分）を掲げた．

あることがわかる[*20].

5.2 モンテカルロ法による各種オプションのプライシング

本節では,これまで解説してきたモンテカルロ法の枠組みを用いて,実際に各種オプションのプライシングを行う.対象オプションは,① ヨーロピアン・オプション(厳密解あり),エキゾチック・オプション[*21]として ② 離散時点型[*22]のルックバック・オプション(厳密解なし),③ 離散時点型のアベレージ・オプション(厳密解なし),の3種類をとりあげ,通常の乱数に加え,準乱数を用いてプライシングを行う.

5.2.1 ヨーロピアン・オプションのプライシング

上述したように,ヨーロピアン・オプションのプライシングを行う場合,モンテカルロ法では,対数正規分布に従う N 個の原資産価格 $S_{Tj}(j=1,2,\cdots,N)$ を発生させ,その平均をとることにより近似的に解を算出する[*23].

$$C \cong e^{-rT}\frac{1}{N}\sum_{j}^{N} max(S_{Tj}-K,0) \qquad (5.29)$$

ただし, $S_{Tj} = \exp\left\{\left(r-\frac{\sigma^2}{2}\right)T + \sigma\varepsilon_j\sqrt{T}\right\} \quad (j=1,2,\cdots,N)$

上記の枠組みを用いて,表5.1の条件のもとで (5.29) 式のペイオフ額を求める.

モンテカルロ法で試行回数 N を増やしていった場合の近似精度の改善度合いをみるために,各試行回数(100, 1000, 5000, 10000回の4通り)の計算

[*20] 各種準乱数の中では,generalized Niederreiter sequence を用いた場合が最も近似誤差が小さいことが実証研究により示されている(文献13)).
[*21] 文献8),14)などを参照.なお,ここでとりあげるエキゾチック・オプションはすべてヨーロピアン・タイプとする.
[*22] ペイオフ条件を構成する(満期時点までの)原資産価格が,離散時点でモニターされている場合をいう(詳細は後述).
[*23] 変数などの定義は前節と同様である.

表 5.1 各種変数の設定

満期	初期価格	行使価格	無リスク金利	ボラティリティ
0.5	10	8	0.1	0.8

表 5.2 推定値の平均と標準偏差（各試行を 100 セット実施）
上段：平均，下段：標準偏差

	100 回	1000 回	5000 回	10000 回	厳密解[26]
通常	3.417067 0.609942	3.369347 0.173296	3.380621 0.087638	3.380227 0.053790	3.372612
対称変量法	3.441824 0.450940	3.384204 0.140396	3.372788 0.056488	3.373214 0.039197	3.372612

を独立に 100 セット行い，推定値の平均と分散を，通常のモンテカルロ法[24]とそれに対称変量法を組み合わせた場合の 2 通りで計算した（表 5.2）．これをみると，① 標準偏差はおおむね $O(N^{-1/2})$ であること，② 対称変量法[25]を組み合わせた方が標準偏差を抑制できること，が確認できる．

次に，準乱数（Sobol sequence）を用いて同様の計算を行い，通常の乱数を用いた場合[27]との比較を行う．試行回数は，1000～10000 回までの 1000 回単位と 15000, 20000 回の合計 12 通りとし，各々について厳密解からの相対誤差[28,29]を算出した（表 5.3，図 5.5）．これからは，① 誤差は，同じ試行回数では乱数に比べ，数分の 1～10 分の 1 であること，② 誤差はおおむね $O(N^{-1})$ であること，がわかる．

---

[24] ここで「通常のモンテカルロ法」とは，分散減少法を用いないモンテカルロ法（crude Monte-Carlo method）のことを指す．

[25] オプション商品のプライシングには，標準正規乱数を用いる．対称変量法では，標準正規乱数 x を発生させたらそれに合わせて $-x$ を計算に用いる．

[26] ブラック・ショールズ方程式の解から導出．

[27] 分散減少法として対称変量法を用いた．

[28] 相対誤差 $=\dfrac{|推定値-厳密解|}{厳密解}\times 100 (\%)$

[29] ここでは，1 セットの推定値である．このため，通常の乱数の場合，例えば 1000 回の試行による推定値には，図 5.5 より 0.14 程度の標準偏差（いわば不確実性）がある点には留意が必要である．これに対し準乱数は確定的な数列であるため，推定値も確定的である（つまり，何セット試行しても推定値は不変）．

5.2 モンテカルロ法による各種オプションのプライシング

表 5.3 準乱数を用いたプライシング結果
上段：推定値，下段：相対誤差（％）

	1000 回	2000 回	3000 回	4000 回	5000 回	6000 回
準乱数	3.349867	3.366349	3.359693	3.363037	3.372027	3.368369
	0.6744	0.1857	0.3831	0.2839	0.0173	0.1258
通　常	3.431284	3.321246	3.328591	3.42995	3.420947	3.312697
	1.7396	1.5231	1.3053	1.7001	1.4331	1.7765

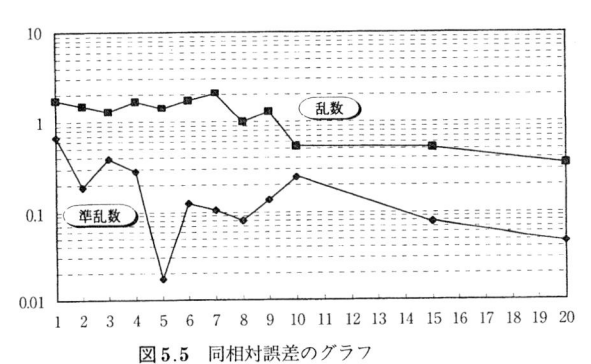

	7000 回	8000 回	9000 回	10000 回	15000 回	20000 回
準乱数	3.369108	3.369864	3.367963	3.364314	3.369928	3.371056
	0.1039	0.0815	0.1379	0.2460	0.0796	0.0462
通　常	3.302796	3.406839	3.416431	3.390714	3.355368	3.360967
	2.0701	1.0148	1.2992	0.5367	0.5113	0.3453

図 5.5 同相対誤差のグラフ
縦軸：％，横軸：1000 回単位

5.2.2 ルックバック・オプションのプライシング

次にルックバック・オプションのプライシングを試みる．ルックバック・オプションは，経路依存型オプションの代表的なものの一つで，ペイオフがオプション契約のスタート時点から満期時点までの原資産価格の最大値または最小値に依存するオプションである．例えば，満期 T までの最大値で権利行使を行える（行使価格 K の）ルックバック・オプションのペイオフ P は，

$$P = max\left[\max_{0 \leq t \leq T} S(t) - K, 0\right] \tag{5.30}$$

で与えられる．

最大値ないし最小値を設定する場合に，原資産価格を連続的にモニターするのかあるいはあらかじめ決められた（複数）時点でのみモニターするのかによって，ペイオフ金額は異なってくる．前者を連続時間型のルックバック・オプション[*30]，後者を離散時間型のルックバック・オプションと呼ぶ．

モンテカルロ法による具体的なプライシング事例として，満期時点のペイオフ P が次式で与えられる離散時点型のルックバック・オプション

$$P = max\left[S(T) - \min_{t=0,T/M,\cdots T} S(t), 0\right] \quad (5.31)$$

を取り扱う．ここで原資産価格のモニターは定期的に行われるとし，その回数は満期時点も含め $M+1$ 回とする．

$\varepsilon_i (i=0,1,\cdots,M-1)$ を標準正規乱数，$\Delta t = T/M$ として，各モニター時点の原資産価格を次のように生成する．$\varepsilon_i(i=0,1,\cdots,M-1)$ の組を1回生成すると，原資産価格のサンプルパスが1本生成できる．

$$S(t_{i+1}) = S(t_i)\exp\left\{\left(r-\frac{\sigma^2}{2}\right)\Delta t + \sigma\varepsilon_i\sqrt{\Delta t}\right\} \quad (i=0,1,\cdots,M-1) \quad (5.32)$$

モンテカルロ法では，こうしたパスを (5.32) 式に基づいて多数回（N 回）生成し[*31]，その1本ごとのパスにおけるペイオフ額を合算し平均をとることにより，オプション価値の近似値解を求めることができる．すなわち，このルックバック・オプションの価値を LBO, j 番目のサンプルパスを $S_j(t_i)$ と書くと，LBO は

$$LBO = \frac{1}{N}e^{-rT}\sum_{j}^{N}[max[S_j(t_M) - min\{S_j(t_0), S_j(t_1), \cdots, S_j(t_M)\}, 0]] \quad (5.33)$$

で与えられる．

ここまでで示したオプション価格算出手法を用いて，表5.4の条件のもと

[*30] 連続時点型のルックバック・オプションには厳密解が存在する（例えば，文献8）を参照）．
[*31] 各 ε_i について N 個の乱数を発生させる．

5.2 モンテカルロ法による各種オプションのプライシング　　　117

表5.4　各種変数の設定

満期	初期価格	無リスク金利	ボラティリティ	分割数 (M)
0.25	10	0.1	0.8	5

表5.5　推定値の平均と標準偏差（各試行を100セット実施）
上段：平均，下段：標準偏差

	100回	1000回	5000回	10000回
通常	2.301749	2.253051	2.248685	2.252486
	0.294210	0.087749	0.041042	0.031807
対称変量法	2.241410	2.251851	2.249801	2.255849
	0.229969	0.072536	0.028077	0.021157

で (5.33) 式のペイオフ額を求める．

ヨーロピアン・オプションの場合と同様に，試行回数を増やしていった場合の近似精度の改善度合いをみるために，各試行回数（100, 1000, 5000, 10000回の4通り）の計算を独立に100セット行い，推定値の平均と標準偏差を計算した（表5.5）．これをみると，ヨーロピアン・オプションの場合と同様の傾向（標準偏差は，① おおむね $O(N^{-1/2})$，② 対称変量法を用いた方が小さい）が得られることがわかる．

次に，準乱数（Sobol sequence）を用いた場合の計算を行い[*32]，乱数を用いた場合との比較を行う．試行回数は，ヨーロピアン・オプションの場合と同様とする．なお，離散時点型のルックバック・オプションの厳密解は存在しないので，比較対象として対称変量法を用いて乱数で100万回の計算を行った場合の近似値（=2.255849）をここでは厳密解とみなし，その厳密解からの誤差を精度の目安とした．この結果が表5.6，図5.6であるが，ヨーロピアン・オプションの場合とほぼ同様の傾向（誤差は，① おおむね $O(N^{-1})$，② 同じ試行回数では数分の1から10分の1）が得られた．

[*32] この場合 $M=5$ であるので，5つの系列（5次元）の相異なる Sobol sequence を補論2の手続きにそって生成した．

表5.6 準乱数を用いたプライシング結果
上段：推定値，下段：誤差（％）

	1000回	2000回	3000回	4000回	5000回	6000回
準乱数	2.210151	2.231834	2.239553	2.242440	2.253651	2.245791
	2.0258	1.0646	0.7224	0.5944	0.0974	0.4458
通常	2.158072	2.324846	2.227127	2.271536	2.302831	2.225015
	4.3344	3.0586	1.2732	0.6954	2.0827	1.3668

	7000回	8000回	9000回	10000回	15000回	20000回
準乱数	2.250046	2.250153	2.247776	2.247605	2.250679	2.249045
	0.2572	0.2525	0.3579	0.3654	0.2292	0.3016
通常	2.276578	2.197502	2.240740	2.239624	2.277813	2.240439
	0.9189	2.5865	0.6698	0.7192	0.9737	0.6831

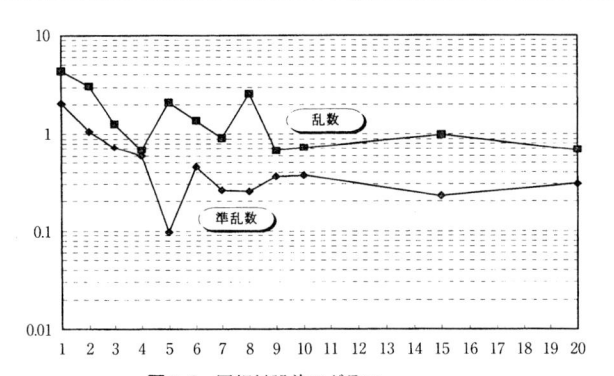

図5.6 同相対誤差のグラフ
縦軸：％，横軸：1000回単位

5.2.3 アベレージ・オプションのプライシング

次にアベレージ・オプション[33]のプライシングを行う．アベレージ・オプションは，ペイオフがオプション契約のスタート時点から満期時点までの原資産価格の平均値[34]に依存する経路依存型オプションで，具体的には，満期時点のペイオフ P は次式で与えられる．

$$P = max[S_{avg} - K, 0] \qquad (5.34)$$

---

[33] エイジアン・オプション（Asian option）とも呼ばれる．
[34] 算術平均（arithmetic mean）の場合と幾何平均（geometric mean）の場合があるが，本章では算術平均のみとりあげる（幾何平均の場合には厳密解が存在する）．

表5.7　各種変数の設定

満期	初期価格	無リスク金利	ボラティリテイ	分割数 (M)
0.25	10	0.1	0.8	3

または

$$P = max[S(T) - S_{avg}, 0] \qquad (5.35)$$

ただし，$S_{avg} = \dfrac{1}{M+1} \sum_{i=0}^{t_i=T} S(t_i)$　（算術平均）

K：オプション行使価格

ここでは後者（(5.35)式）の形式のアベレージ・オプションについて，表5.7の条件のもとでペイオフ額を求める．

モンテカルロ法では，上述の通り，原資産価格のパスを(5.32)式に基づいて多数回（N回）生成し，その1本ごとのパスのもとでのペイオフ額を合算し平均をとることにより，オプション価値の近似値解を求めることができる．アベレージ・オプションの価値を AVO，j 番目のサンプルパスを $S_j(t_i)$ と書くと，AVO は

$$AVO = \frac{1}{N} e^{-rT} \sum_{j}^{N} \left[max \left\{ S_j(t_M) - \frac{1}{M+1} \sum_{i}^{M} S_j(t_i), 0 \right\} \right] \qquad (5.36)$$

で与えられる．

ヨーロピアン・オプションやルックバック・オプションの場合と同様に，推定値の平均と標準偏差を算出した（表5.8）ほか，準乱数（Sobol sequence）を用いた場合の計算を行い[*35]，乱数を用いた場合との比較を行った（表5.9，図5.7）．これらからは，上記と同様の結果が得られることがわかる．なお，離散時点型のアベレージ・オプションの厳密解は存在しないので，比較対象として対称変量法を用いて100万回の計算を行った場合の近似値（＝0.913604）をここでは厳密解とみなした．

[*35] この場合，3つの系列の相異なる Sobol sequence を補論2の手続きにより生成した．

120　　5. モンテカルロ法によるオプション商品のプライシング

表5.8　推定値の平均と標準偏差（各試行を100セット実施）
上段：平均，下段：標準偏差

	100回	1000回	5000回	10000回
通常	0.912326	0.913470	0.912955	0.910098
	0.166916	0.051896	0.023348	0.016737
対称変量法	0.908466	0.908314	0.912538	0.913604
	0.155699	0.047013	0.019287	0.013749

表5.9　準乱数を用いたプライシング結果
上段：推定値，下段：誤差（%）

	1000回	2000回	3000回	4000回	5000回	6000回
準乱数	0.905747	0.906135	0.912504	0.909526	0.911693	0.912101
	0.8600	0.8175	0.1204	0.4464	0.2091	0.1645
通常	0.892360	0.907712	0.931350	0.907854	0.884708	0.899374
	2.3253	0.6449	1.9424	0.6293	3.1628	1.5575

	7000回	8000回	9000回	10000回	15000回	20000回
準乱数	0.912857	0.912021	0.912486	0.912189	0.912367	0.912367
	0.0818	0.1732	0.1223	0.1548	0.1354	0.1354
通常	0.922655	0.891255	0.960069	0.929737	0.907254	0.921361
	0.9907	2.4463	5.0860	1.7659	0.6950	0.8491

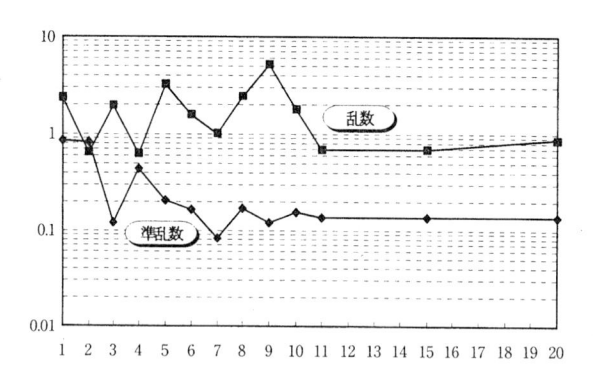

図5.7　同相対誤差のグラフ
縦軸：%，横軸：1000回単位

5.A 補論1：準乱数（low discrepancy sequence）の定義とモンテカルロ積分

5.A.1 low discrepancy sequence の定義

まず，準乱数（low discrepancy sequence）における一様性からの乖離度合いを表す discrepancy の定義を与える．

[discrepancy の定義]

$x_0, x_1, \cdots, x_{N-1}$ を単位立方体内 $[0,1]^k (k \geq 1)$ [*36] の N 個の点列とし，$J = [0, u_i)$ をその部分空間 $(0 < u_i \leq 1, 1 \leq i \leq k)$ とする．このとき，$A(J; N)$ を区間 J 内に含まれている点の個数，$V(J)$ を J の体積として，

$$D_N^{(k)} = \sup_J \left| \frac{A(J; N)}{N} - V(J) \right| \tag{5.37}$$

を点列の L_∞-discrepancy と呼ぶ．

この定義の意味することを2次元空間で説明する．2次元の面積1の正方形の領域 S に，N 個の点列が散布されていると仮定する（図5.8）．S 内部の様々の長方形領域を J とすると，仮に点列が S 内で理想的に一様に散布されているとすると，① 任意の領域 J 内に含まれる点の個数比率（個数/N），② J の面積，は同値である．逆に一様性が失われていくと，両者の間に乖離が生じることになる．その乖離（discrepancy）を表現しているのが上式である．

この意味で，low discrepancy sequenceは，単位立方体の中に一様に散布

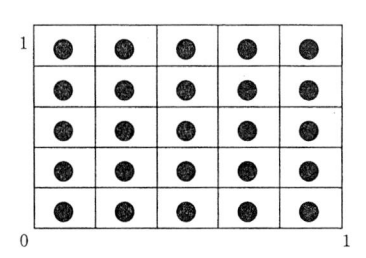

図5.8 面積1の正方形 S と N 個の点列の概念図

[*36] k は次元である．

されている度合いが高い点列である．low discrepancy sequence 自体の定義は次のようになる．

[low discrepancy sequence の定義]

k 次元無限点列 $x_0, x_1, \cdots$ について，すべての $N > 1$ に対して，

$$D_N^{(k)} \leq C_k \frac{(\ln N)^k}{N} \qquad (5.38)$$

が成立する（ただし C_k は定数）点列のことである．

5.A.2 モンテカルロ積分の誤差

モンテカルロ法による数値積分で low discrepancy sequence を使って近似する場合の誤差を評価するに当たって，Koksma and Hlawska により，以下の不等式が証明されている．

$$\left| \int_{I_k} f(x) dx - \frac{1}{N} \sum_i^N f(x_i) \right| \leq V(f) D_N^{(k)} \qquad (5.39)$$

ただし，$V(f)$ は定数

(5.38) 式と (5.39) 式から，low discrepancy sequence を用いてモンテカルロ積分を行う場合は，誤差は $(\ln N)^k / N$ のオーダーを上限とすることがわかる．

一方，文献13) では，割引債のプライシングを高次元 (1439次元) の low discrepancy sequence を発生させることにより行い，収束のスピードなどを分析しているが，この場合でも収束のスピードは N^{-1} に比例することが示されている．このことから，実務的にみて，次元 k にかかわらず，誤差はおおむね N^{-1} に比例するとみなしてよいと思われる．この点，通常のモンテカルロ法の誤差オーダー ($N^{-1/2}$) に比較すると，1桁精度を上げるためにはサンプル数を10倍にすればよく（通常のモンテカルロ法は100倍），計算負担を大幅に削減することができる．

5.B 補論2：Sobol sequence の生成手続き

ここでは，low discrepancy sequence のうち本章で用いた Sobol sequence の生成手続きを解説する（この解説は文献7)に基づくものである）．

まず，d 次の原始多項式（primitive polynomial）[*37] を次のように書く．

$$P = x^d + h_1 x^{d-1} + h_2 x^{d-2} + \cdots + h_{d-1} x + 1 \tag{5.40}$$

ただし，$h_j = 0$ or 1 $(j=1,2,\cdots,d-1)$

この (5.40) 式の各係数を使って，数列 m_i を以下の漸化式 $(i>d)$ から生成する（$i \leq d$ の m_i は $0 < m_i < 2^i$ を満たす奇数とする）．

$$m_i = 2h_1 m_{i-1} \oplus 2^2 h_2 m_{i-2} \oplus \cdots \oplus 2^{d-1} h_{d-1} m_{i-d+1} \oplus 2^d m_{i-d} \oplus m_{i-d} \tag{5.41}$$

ここで，$\oplus$ は2進法でのビットごとの繰上げなしの加算（下式）を表す演算子で，ビットごとの排他的論理和（bitwise exclusive-or operator（以下 EOR））と呼ばれるものである．

$$1 \oplus 0 = 0 \oplus 1 \equiv 1$$
$$1 \oplus 1 = 0 \oplus 0 \equiv 0$$

具体例として，最も単純な原始多項式である

$$P = x + 1 \tag{5.42}$$

から Sobol sequence を生成する（N 個生成する）．この場合，$h_1 = 0$ であるの

[*37] 原始多項式は次のように定義される．まず，d 次の多項式
$$P = x^d + h_1 x^{d-1} + h_2 x^{d-2} + \cdots + h_{d-1} x + 1$$
ただし，$h_j = 0$ or $1 (j=1,2,\cdots,d-1)$
とする（このタイプの多項式を $GF(2)$ 上の多項式と呼ぶ）．この多項式が d より低い次数の $GF(2)$ 上の任意の多項式で割り切れない場合，P は既約であるという．さて，$1+x^n$ の形の多項式で P で割り切れる最低次の次数 n を指数と呼ぶが，P が既約であれば $n \leq 2^p - 1$ が成立し，特に $n = 2^p - 1$ の場合，P を（$GF(2)$ 上の）原始多項式であるという．例えば，$x+1$, x^2+x+1, x^3+x+1 は原始多項式である（文献12)には100個をこえる原始多項式のリストが掲げられている）．

で漸化式は次のようになる.

$$m_i = 2m_{i-1} \oplus m_{i-1} \tag{5.43}$$

$m_1=1$ として,$i=2$ から漸化式 (5.43) 式に基づいて次々に m_i を算出する.

$$\begin{aligned}
m_2 &= 2m_1 \oplus m_1 \\
&= 2 \oplus 1 \\
&= 10 \oplus 01 \quad\quad (2\text{進法ベース}) \\
&= 11 \\
&= 3 \quad\quad\quad\quad\quad (10\text{進法ベース}) \\
m_3 &= 2m_2 \oplus m_2 \\
&= 6 \oplus 3 \\
&= 0110 \oplus 0011 \quad (2\text{進法ベース}) \\
&= 0101 \\
&= 5 \quad\quad\quad\quad\quad (10\text{進法ベース})
\end{aligned}$$

次に,これまでで求められた m_i を使って,$i=1,2,\cdots,[\log_2 N]$(記号 $[x]$ は x をこえない最大の整数)について,次の数列(direction number)を作る.

$$v(i) = \frac{m_i}{2^i} \quad (2\text{進法ベース}) \tag{5.44}$$

例えば,$v(4)$ は (5.44) 式から以下のように算出される.

$$\begin{aligned}
v(4) &= \frac{15}{2^4} \\
&= \frac{1}{2} + \frac{1}{2^2} + \frac{1}{2^3} + \frac{1}{2^4} \quad (2\text{進法ベース}) \\
&= 0.1111 \quad\quad\quad\quad\quad\quad (2\text{進法ベース})
\end{aligned}$$

この $v(i)$ から次の計算を行うことにより,Sobol sequence $\phi(n)$($n=0,1,\cdots,N-1$)を求めることができる.

5.B 補論2：Sobol sequenceの生成手続き

表5.10 $P=x+1$ から発生させた Sobol sequence（100個）

1	0.5000000	21	0.5937500	41	0.5781250	61	0.5468750	81	0.6171875
2	0.2500000	22	0.3437500	42	0.3281250	62	0.2968750	82	0.3671875
3	0.7500000	23	0.8437500	43	0.8281250	63	0.7968750	83	0.8671875
4	0.3750000	24	0.1562500	44	0.4531250	64	0.3984375	84	0.4921875
5	0.8750000	25	0.6562500	45	0.9531250	65	0.8984375	85	0.9921875
6	0.1250000	26	0.4062500	46	0.2031250	66	0.1484375	86	0.2421875
7	0.6250000	27	0.9062500	47	0.7031250	67	0.6484375	87	0.7421875
8	0.3125000	28	0.2812500	48	0.2343750	68	0.0234375	88	0.3046875
9	0.8125000	29	0.7812500	49	0.7343750	69	0.5234375	89	0.8046875
10	0.0625000	30	0.0312500	50	0.4843750	70	0.2734375	90	0.0546875
11	0.5625000	31	0.5312500	51	0.9843750	71	0.7734375	91	0.5546875
12	0.1875000	32	0.2656250	52	0.3593750	72	0.2109375	92	0.1796875
13	0.6875000	33	0.7656250	53	0.8593750	73	0.7109375	93	0.6796875
14	0.4375000	34	0.0156250	54	0.1093750	74	0.4609375	94	0.4296875
15	0.9375000	35	0.5156250	55	0.6093750	75	0.9609375	95	0.9296875
16	0.4687500	36	0.1406250	56	0.4218750	76	0.3359375	96	0.1328125
17	0.9687500	37	0.6406250	57	0.9218750	77	0.8359375	97	0.6328125
18	0.2187500	38	0.3906250	58	0.1718750	78	0.0859375	98	0.3828125
19	0.7187500	39	0.8906250	59	0.6718750	79	0.5859375	99	0.8828125
20	0.0937500	40	0.0781250	60	0.0468750	80	0.1171875	100	0.2578125

$$\phi(n+1)=\phi(n)\oplus v(c) \tag{5.45}$$

ただし，$\phi(0)=0$．また，c は n を2進法で表した際に最も右にある0の桁番号[*38]を示す（$v(c)$ は c 番目の direction number である）．

以下では，具体例として，漸化式 (5.45) 式を用いて，$\phi(1), \phi(2)$ を計算する．

$$\begin{aligned}
\phi(1) &= \phi(0)\oplus v(1) \\
&= 0.0\oplus 0.1 \quad \text{(2進法ベース)} \\
&= 0.1 \quad \text{(2進法ベース)} \\
&= \frac{1}{2} \quad \text{(10進法ベース)} \\
\phi(2) &= \phi(1)\oplus v(2) \\
&= 0.10\oplus 0.11 \quad \text{(2進法ベース)} \\
&= 0.01 \quad \text{(2進法ベース)}
\end{aligned}$$

[*38] 例えば，$n=17$ とすると，2進法では 010001 であるため，$c=2$ となる．また，$n=31$ とすると 2進法では 011111 であるため，$c=5$ となる．

$$= \frac{1}{4} \qquad (10進法ベース)$$

このような演算をコンピュータを用いて繰り返して行えば，原理的には任意の個数の Sobol sequence を生成することができる（表 5.10 に最初の 100 個を掲げた）．

ここでは 1 系列の Sobol sequence を生成したが，複数系列の sequence が必要なときには，必要な次元数の互いに異なる原始多項式を用いて，sequence を生成する．

5.C 補論 3：Sobol sequence の生成プログラム（Visual Basic）

以下では，本章で用いた Sobol sequence の生成プログラム（の一部）を記載する．なお，本プログラムには，必ずしも効率よく作成されていない部分が含まれている可能性がある点には注意を要する．

```
'*****************************************
'*Sobol列の作成プログラム(P=X+1 の場合)*
'*****************************************
Sub SOBOL()
    Dim I, N As Integer
    Dim H, J, K, Dig_C, Dig_P As Integer
    Dim C_Y, P_Y, C_r, P_r, Y As Double
    Dim C_d(), P_d(), C_s, P_s As Double
    Dim SOBOL() As Double
    Dim V(16), Phi(), C() As Double
    'direction numberV()を別途シート上であらかじめ計算し，ここで宣言.
    V(1) = 0.1 : V(2) = 0.11 : V(3) = 0.101 : V(4) = 0.1111
    V(5) = 0.10001 : V(6) = 0.110011 : V(7) = 0.1010101
    V(8) = 0.11111111 : V(9) = 0.100000001 : V(10) = 0.1100000011
    V(11) = 0.10100000101 : V(12) = 0.111100001111
```

5.C 補論3：Sobol sequenceの生成プログラム（Visual Basic）

```
V(13) = 0.1000100010001 : V(14) = 0.11001100110011
V(15) = 0.101010101010101 : V(16) = 0.1111111111111111
'乱数の個数を設定
N = 10000
ReDim C(N + 1), Phi(N + 1)
'Phi(I+1)=Phi(I)*C(I):I=1,2,…を計算．
'初期値を定義しておく．
C(1) = 0.1
Phi(1) = 0
Phi(2) = 0.1
For I = 2 To 10000
'C(I)を求める．
'--SEL_V()によってIを2進数表示した時の0が最初に
'   くる桁数を求め，V(桁数)を上記により計算する．
    C(I) = V(SEL_V((I - 1)))
'C(I)の小数点以下の桁数を計算し，Dig_Cとする．
    C_r = 0: H = 1
    Do Until Abs(C(I) - C_r) < 10 ^ (-16)
        C_Y = (C(I) - C_r) * 10 ^ H
        If C_Y >= 0.9 Then
            C_r = C_r + 10 ^ (-H)
        ElseIf C_Y < 0.9 Then
            C_r = C_r
        Else
            Exit Do
        End If
        H = H + 1
    Loop
    Dig_C = H - 1
'Phi(I)の小数点以下の桁数を計算し，Dig_Pとする．
    P_r = 0: J = 1
    Do Until Abs(Phi(I) - P_r) < 10 ^ (-16)
        P_Y = (Phi(I) - P_r) * 10 ^ J
        If P_Y >= 0.9 Then
```

```
            P_r = P_r + 10 ^ (-J)
        ElseIf P_Y < 0.9 Then
            P_r = P_r
        Else
            Exit Do
        End If
        J = J + 1
    Loop
    Dig_P = J - 1
'C(I), Phi(I)のうち小数点以下の桁数が大きい方を Max とする．
    Dim Max As Integer
    Max = Application.Max(Dig_P, Dig_C)
'C()の 10 進法表示での各桁の値を C_d()に格納する．
    C_s = 0
    ReDim C_d(16)
    For J = 1 To 16
        C_d(J) = 0
    Next J
    For J = 1 To Max
        Y = (C(I) - C_s) * 10 ^ J
        If Y >= 0.9 Then
            C_d(J) = 1
            C_s = C_s + C_d(J) * 10 ^ (-J)
        ElseIf Y < 0.9 Then
            C_d(J) = 0
            C_s = C_s
        End If
    Next J
'Phi()の 10 進法表示での各桁の値を P_d()に格納する．
    P_s = 0
    ReDim P_d(16)
    For K = 1 To 16
        P_d(K) = 0
    Next K
```

5.C 補論3：Sobol sequenceの生成プログラム (Visual Basic)

```
        For K = 1 To Max
            Y = (Phi(I) - P_s) * 10 ^ K
            If Y >= 0.9 Then
                P_d(K) = 1
                P_s = P_s + P_d(K) * 10 ^ (-K)
            ElseIf Y < 0.9 Then
                P_d(K) = 0
                P_s = P_s
            End If
        Next K
'C(I),Phi(I)から Phi(I+1)を求める.
        Dim Z(), Ans As Double
        ReDim Z(Max)
        ReDim SOBOL(N)
        Ans = 0
        For J = 1 To Max
            If P_d(J) = 1 And C_d(J) = 1 _
            Or P_d(J) = 0 And C_d(J) = 0 Then
                Z(J) = 0
            Else
                Z(J) = 1
            End If
            Ans = Ans + Z(J) * 10 ^ (-J)
        Next J
        Phi(I + 1) = Ans
'2進数を10進数に変換して, Sobol列を作成.
        SOBOL(1) = 0.5
        SOBOL(I) = BI_DE2((Ans))
        Cells(1, 1).Value = SOBOL(1)
        Cells(I, 1).Value = SOBOL(I)
    Next I
End Sub
'
```

'***
'*V(I):direction number の生成ルーチン*
'***
Sub PRO_VI()
    'N（初期値）は 10 進数，M は 2 進数．
    Dim M1(), M2() As Double
    Dim I, N As Integer
    ReDim M1(20), M2(20)
    'N=1 に設定．
    N = 1
    M1(1) = DE_BI((N))
    M2(1) = DE_BI((2 * N))
    Cells(1, 1).Value = M1(1) / 10
    'I を任意に設定する（ただし，Max15 とする）．
    For I = 1 To 15
    'EOR op.を使って順次計算し，V(I)をシートに paste．
        M1(I + 1) = EOR((M2(I)), (M1(I)))
        Cells(1 + I, 1).Value = M1(I + 1) / 10 ^ (I + 1)
        M2(I + 1) = DE_BI((2 * BI_DE((M1(I + 1)))))
    Next I
End Sub
'
'*************************
'*bit-by-bit EOR operator*
'*************************
Function EOR(X As Double, Y As Double)
    Dim A, B, Dig, I As Integer
    Dim X_d(), Y_d(), X_s, Y_s As Double
    Dim Z_d() As Double
    'A,B の桁数を計算し，大きい方を Dig とする．
    A = Int(Application.Log10(X)) + 1
    B = Int(Application.Log10(Y)) + 1
    Dig = Application.Max(A, B)
    'X,Y の各桁の値を X_d(),Y_d()に格納する．

5.C 補論 3：Sobol sequence の生成プログラム (Visual Basic)

```
    ReDim X_d(Dig), Y_d(Dig)
    X_s = 0: Y_s = 0
    For I = 1 To Dig
        X_d(I) = (X - X_s - 10 ^ I * Int((X - X_s) / 10 ^ I)) _
            / 10 ^ (I - 1)
        Y_d(I) = (Y - Y_s - 10 ^ I * Int((Y - Y_s) / 10 ^ I)) _
            / 10 ^ (I - 1)
        X_s = X_s + X_d(I) * 10 ^ (I - 1)
        Y_s = Y_s + Y_d(I) * 10 ^ (I - 1)
    Next I
    'bit-by-bit EOR operator のアルゴリズム
    ReDim Z_d(Dig)
    For I = 1 To Dig
        If X_d(I) = 1 And Y_d(I) = 1 _
            Or X_d(I) = 0 And Y_d(I) = 0 Then
            Z_d(I) = 0
        Else
            Z_d(I) = 1
        End If
    Next I
    'EOR operator による計算
    Dim N_NB As Double
    'New Number の計算
    N_NB = 0
    For I = 1 To Dig
        N_NB = N_NB + Z_d(I) * 10 ^ (I - 1)
    Next I
    EOR = N_NB
End Function
'
'*******************************
'*10 進数を 2 進数に変換する関数*
'*******************************
Function DE_BI(X As Double)
```

```
    Dim J, Dig As Integer
    Dim X_d(), X_s As Double
    'X の 2 進法表示を B_NB とする．
    Dim B_NB As Double
    'X の 2 進法表示での桁数を計算し，Dig とする．
    Dig = Int(Log(X + 0.00001) / Log(2)) + 1
    X_s = 0
    'X の 2 進法表示での各桁の値を X_d(I) に格納する．
    ReDim X_d(Dig)
    For J = 1 To Dig
        X_d(J) = (X - X_s - 2 ^ J * Int((X - X_s) / 2 ^ J)) _
                 / 2 ^ (J - 1)
        X_s = X_s + X_d(J) * 2 ^ (J - 1)
    Next J
    'X を 2 進法で表示する．
    B_NB = 0
    For J = 1 To Dig
        B_NB = B_NB + X_d(J) * 10 ^ (J - 1)
    Next J
    DE_BI = B_NB
End Function

'*******************************
'*2 進数を 10 進数に変換する関数*
'*******************************
Function BI_DE(X As Double)
    Dim J, Dig As Integer
    Dim X_d(), X_s As Double
    'X の 10 進法表示を D_NB とする．
    Dim D_NB As Double
    'X の 10 進法表示での桁数を計算し，Dig とする．
    Dig = Int(Log(X + 0.00001) / Log(10)) + 1
    X_s = 0
    'X の 10 進法表示での各桁の値を X_d(I) に格納する．
```

5.C 補論3：Sobol sequenceの生成プログラム（Visual Basic）

```
        ReDim X_d(Dig)
        For J = 1 To Dig
            X_d(J) = (X - X_s - 10 ^ J * Int((X - X_s) / 10 ^ J)) _
                     / 10 ^ (J - 1)
            X_s = X_s + X_d(J) * 10 ^ (J - 1)
        Next J
        'X を 10 進法で表示する．
        D_NB = 0
        For J = 1 To Dig
            D_NB = D_NB + X_d(J) * 2 ^ (J - 1)
        Next J
        BI_DE = D_NB
End Function
'
'***********************************************
'*2 進数を 10 進数に変換する関数(小数の場合)*
'***********************************************
Function BI_DE2(X As Double)
    Dim I, J, Dig As Integer
    Dim Y, X_d(), X_r, X_s As Double
    'X の 10 進法表示を D_NB とする．
    Dim D_NB As Double
    'X の 10 進法表示での桁数を計算し，Dig とする．
    X_r = 0: I = 1
    Do Until Abs(X - X_r) < 10 ^ (-16)
        Y = (X - X_r) * 10 ^ I
        If Y >= 0.9 Then
            X_r = X_r + 10 ^ (-I)
        ElseIf Y < 0.9 Then
            X_r = X_r
        Else
            Exit Do
        End If
        I = I + 1
```

```
    Loop
    Dig = I - 1
    'X の 10 進法表示での各桁の値を X_d()に格納する．
    X_s = 0
    ReDim X_d(Dig)
    For J = 1 To Dig
        Y = (X - X_s) * 10 ^ J
        If Y >= 0.9 Then
            X_d(J) = 1
            X_s = X_s + X_d(J) * 10 ^ (-J)
        ElseIf Y < 0.9 Then
            X_d(J) = 0
            X_s = X_s
        End If
    Next J
    'X を 10 進法で表示する．
    D_NB = 0
    For J = 1 To Dig
        D_NB = D_NB + X_d(J) * 2 ^ (-J)
    Next J
    BI_DE2 = D_NB
End Function

'****************************************
'*2 進数で最初に 0 となる桁を求める関数*
'****************************************
Function SEL_V(X As Double)
    Dim J, Dig As Integer
    Dim X_d(), X_s As Double
    'X の 2 進法表示での桁数を計算し，Dig とする．
    Dig = Int(Log(X + 0.00001) / Log(2)) + 1
    X_s = 0
    'X の 2 進法表示での各桁の値を X_d(I)に格納する．
    ReDim X_d(Dig)
```

```
For J = 1 To Dig
    X_d(J) = (X - X_s - 2 ^ J * Int((X - X_s) / 2 ^ J)) _
             / 2 ^ (J - 1)
    X_s = X_s + X_d(J) * 2 ^ (J - 1)
    If X_d(J) = 0 Then SEL_V = J: Exit For
Next J
SEL_V = J
End Function
```

参 考 文 献

1) 木島正明:ファイナンス工学入門,第I部:ランダムウォークとブラウン運動.日科技連,1994.
2) 木島正明:ファイナンス工学入門,第II部:派生証券の価格付け理論.日科技連,1994.
3) 津田孝夫:モンテカルロ法とシミュレーション:電子計算機の確率的応用,三訂版.培風館,1995.
4) 伏見政則:乱数.東京大学出版会,1994.
5) 宮武 修,脇本和則:乱数とモンテカルロ法.森北出版,1978.
6) Brotherton, R. R.: Monte Carlo motoring. *RISK*, December 1994.
7) Galanti, S. and A. Jung: Low-discrepancy sequences: Monte Carlo simulation of option prices. *The Journal of Derivatives*, Fall 1997.
8) Hull, J.: Options, futures, and other derivative securities, 3 rd edition. Prentice Hall, 1997.
9) Moro, B.: The full Monte. *RISK*, February 1995.
10) Niederreiter, H.: Random number generation and quasi-Monte Carlo methods. CBMS-NSF Regional Conference Series in Applied Math., No. 63, SIAM, 1992.
11) Papageorgiou, A. and J. Traub: Beating Monte Carlo. *RISK*, June 1996.
12) Press, W. H., S. A. Teokolsky, W. T. Vetterling and B. P. Flannery: Numerical recipes in C: the art of scientific computing, 2 nd edition. Cambridge University Press, 1992.
13) Ninomiya, S. and S. Tezuka: Toward real-time pricing of complex financial derivatives. *Applied Mathematical Finance* 3, 1996.
14) Smithson, C.: Path-dependency. *RISK*, April 1997.
15) Tezuka, S.: Uniform random numbers: theory and practice. Kluwer Academic Publishers, 1995.

6

有限差分法を用いたオプション価格の
数値計算手法

　本章では，金融派生商品のプライシングを行う際の数値計算手法の一つとして実務で一般的に用いられている有限差分法（finite difference method）[*1]の解説を行う．金融派生商品のプライシング理論は，各種の数学的記述に基づくものであるが，実務上はこうした理論を理解するだけでは不十分であり，コンピュータなどを用いて実際の商品価格を計算できることが必要である．このため本章では，有限差分法の理論面の解説に加え，具体的な計算アルゴリズムを掲げることにより，実務への適用がより行いやすい構成とした．

　本章の構成は以下の通りである．まず，6.1節では，有限差分法の概要を説明した後，具体例として，配当支払のない証券（株式）を原資産とするヨーロピアン・コール・オプションのプライシングに対する有限差分法の各種バリエーションの適用方法を解説する．さらに，コンピュータ計算用の計算アルゴリズムを示した上で，これに基づいてヨーロピアン・コールのプライシングを各種有限差分法で行う．6.2節では，有限差分法によるアメリカン・プット・オプションのプライシングを解説する．まず，アメリカン・プットには，期限前行使の可能性があり，それ故にヨーロピアン・オプションのような解析解が存在しないことを説明する．さらに，有限差分法によるプライシング手法を示す．6.1節と同様に，計算アルゴリズムを掲げ，これに基づいたアメリカン・プットのプライシング例を提示する．

[*1] 有限差分法の概要は，文献8）を参照．また，同手法の金利派生商品への適用など具体的な応用例に関する文献としては，文献7），10)を参照．また，数値計算に関する全般については，文献3），6)などを参照．

6.1 有限差分法の概要とヨーロピアン・コールのプライシング

6.1.1 ヨーロピアン・コールが満たす偏微分方程式

配当支払のない証券（株式）を原資産とするヨーロピアン・コール[*2]の価値は，ブラック・ショールズ方程式と呼ばれる以下の偏微分方程式と満期におけるペイオフ条件および境界条件で記述される（方程式の導出は補論1を参照）．

$$\frac{\partial C}{\partial t} + \frac{1}{2}\sigma^2 S^2 \frac{\partial^2 C}{\partial S^2} + rS\frac{\partial C}{\partial S} - rC = 0 \quad (6.1)$$

$C(S,T) = max(S-E, 0)$ （満期におけるペイオフ条件）

$C(0,t) = 0, \quad C(S \to \infty, t) \to S$ （境界条件）

ただし，S：原資産価格，E：行使価格，σ：ボラティリティ，

r：無リスク金利，t：現在時点，T：オプションの満期

このブラック・ショールズ方程式を取り扱う際には，$S=Ee^x$, $t=T-2\tau/\sigma^2$, $k=2r/\sigma^2$ という変数変換を行うことによって，以下のように，古典物理学の世界で用いられる標準的な拡散方程式（diffusion equation）[*3]に変換するのが一般的である[*4]（詳細は補論2）．この手続きは，ブラック・ショールズ方程式を標準的な拡散方程式に変換することにより，方程式の取扱いを容易

[*2] 本章の議論で扱うオプションは，配当支払のない証券（株式）を原資産とするものであるとする．

[*3] 熱伝導方程式（heat equation）とも呼ばれている．

[*4] ブラック・ショールズ方程式が拡散方程式に変換されるのは，原資産の価格過程に拡散過程であるウィナー過程（Wiener process）が含まれている（補論1を参照）ことが背景となっている．この点について，以下ではウィナー過程自体が拡散方程式を満たすことを示す．

ウィナー過程 X は $dX = \varepsilon\sqrt{dt}$（ただし，$\varepsilon \sim N(0,1)$（標準正規分布））で表現されるが，$X$ が時刻 s に値 x をとるとき，t 時間後に $[y, y+dy]$ の間の値をとる確率は，$X(s+t) - X(s) \sim N(0,t)$ であることを用いると

$$p(x,t,y)dy = \frac{1}{\sqrt{2\pi t}}\exp\{-(y-x)^2/2t\}dy$$

で表される．y を固定すると，この p は，

$$\frac{\partial p}{\partial t} = \frac{\partial^2 p}{2\partial x^2}$$

という方程式（すなわち拡散方程式）を満足することがわかる．

にすることを目的としている．いったん，拡散方程式の解が求まれば，その解に上述の変数変換と逆の変数変換を施すことによって，最終的な解を求めることができる．

$$u(x,\tau) = \frac{e^{\frac{1}{2}(k-1)x + \frac{1}{4}(k+1)^2\tau} C(S,t)}{E} \qquad (6.2)$$

$$\frac{\partial u}{\partial \tau} = \frac{\partial^2 u}{\partial x^2} \quad (-\infty < x < \infty, \tau > 0) \qquad (6.3)$$

$$u(x,0) = u_0(x) = max(e^{\frac{1}{2}(k+1)x} - e^{\frac{1}{2}(k-1)x}, 0) \quad (初期条件^{*5)})$$

$$\lim_{x \to -\infty} u(x,\tau) = 0, \ \lim_{x \to \infty} u(x,\tau) = e^{\frac{1}{2}(k+1)x + \frac{1}{4}(k+1)^2\tau} \quad (境界条件)$$

6.1.2　有限差分法の拡散方程式への適用

　有限差分法は，偏微分方程式の各変数の変動を差分と呼ばれる微小単位に分割することにより，微分方程式を離散的な差分方程式に変換し，その差分方程式を用いて，解を数値計算によって算出するという手法である．ある関数の"微分"係数は，変数の（無限にゼロに近い）微小変化に対する関数値の変化率すなわち"傾き"を表す．有限差分法では，変数に対して連続的に変化する"傾き"が有限の微小単位の中では一定であるとの仮定をおくことによって，連続的な偏微分方程式を離散的な差分方程式に変換する．

　拡散方程式の変数は，時間を表す τ（変数変換後）と原資産価格を表す x（同）の2つであるので，それら各々について有限の微小単位を設定し，金融派生商品価格に関する差分方程式を構成する．すなわち，まず時間間隔 $[0,\tau]$ を M 等分し，原資産価格については，金融派生商品価格を求めたい原資産価格 (x_s) を挟む区間 $[x_{min}, x_{max}]$ を設定しそれを N 等分する（図6.1）．次にこれらの $(M+1) \times (N+1)$ 個のグリッド（grid（mesh point とも呼ばれる））上で，隣接するグリッド上の価格の関係を記述する差分方程式に金融派生商品のペイオフ条件から得られた初期条件および境界条件を適用することで，各グリッド上の価格を評価し，最終的に x_s における価格を求める．

[*5)] $\tau=0$ 時点は，現実の時間軸では $t=T$（満期）時点を表している点には留意されたい．このため，現実の時間軸における満期におけるペイオフ条件は $\tau=0$ の条件となるため，以下ではこれを初期条件と呼ぶ．

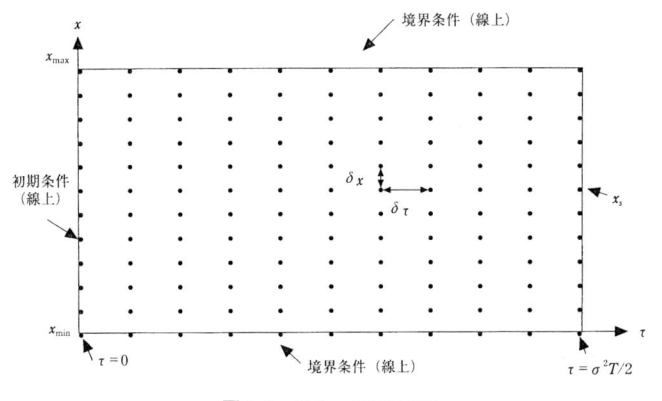

6.1 有限差分法の概要とヨーロピアン・コールのプライシング

図 6.1 グリッドの概念図

なお，有限差分法では，各グリッドにおける原資産価格や商品価格などを過去の経路に依存させることができないため，有限差分法を適用できるのは，原則として，経路依然性をもたない商品[*6]の価格を経路依存性をもたないプライシング・モデル（例えばブラック・ショールズ・モデル）で評価する場合である．

また，有限差分法は，解析解をもたないアメリカン・オプションにも適用可能であるとのメリットをもつ（アメリカン・オプションの価格形成メカニズムと有限差分法を用いたプライシングは 6.2 節で解説する）．

以下では，有限差分法の枠組みにより，上述の拡散方程式を差分方程式に変換する．この場合，τ に関する 1 階の偏微分係数には，以下のように前進差分，後進差分，中心差分といったバリエーションが存在する．その選択によって差分方程式の解法も異なってくる．

$$\frac{\partial u}{\partial \tau}(x,\tau) = \lim_{\delta\tau \to 0} \frac{u(x,\tau+\delta\tau) - u(x,\tau)}{\delta\tau} = \frac{u(x,\tau+\delta\tau) - u(x,\tau)}{\delta\tau} + O(\delta\tau)^{*7} \quad (6.4)$$

$$\frac{\partial u}{\partial \tau}(x,\tau) = \lim_{\delta\tau \to 0} \frac{u(x,\tau) - u(x,\tau-\delta\tau)}{\delta\tau} = \frac{u(x,\tau) - u(x,\tau-\delta\tau)}{\delta\tau} + O(\delta\tau) \quad (6.5)$$

[*6)] 経路依存性をもつ商品としては，代表的なものとしてルックバック・オプションなどがあげられる．

[*7)] $O(\cdot)$ は誤差項を表す．$x \to k$ のとき，関数 $f(x), g(x)$ に関して $|f(x)/g(x)|$ が有界であるならば，$x \to k$ のとき，$f(x)$ はたかだか $g(x)$ の位数（order）にあるといい，$f(x) = O(g(x))$ と書く．

$$\frac{\partial u}{\partial \tau}(x,\tau) = \lim_{\delta\tau \to 0} \frac{u(x,\tau+\delta\tau) - u(x,\tau-\delta\tau)}{2\delta\tau} = \frac{u(x,\tau+\delta\tau) - u(x,\tau-\delta\tau)}{2\delta\tau} + O(\delta\tau) \quad (6.6)$$

また，x に関する2階の偏微分係数については，以下の中心差分近似が対称性という観点から一般的に使われる．

$$\frac{\partial^2 u}{\partial x^2}(x,\tau) = \frac{u(x+\delta x,\tau) - 2u(x,\tau) + u(x-\delta x,\tau)}{(\delta x)^2} + O((\delta x)^2) \quad (6.7)$$

なお，各グリッド（$n\delta x, m\delta\tau$）における離散近似解を u_n^m と書くと，

$$u_n^m = u(n\delta x, m\delta\tau) \quad (n=0,1,\cdots,N, \quad m=0,1,\cdots,M) \quad (6.8)$$

となる．

a．陽的有限差分法 (explicit finite difference method)

拡散方程式の偏微分係数の差分近似として，$\partial^2 u/\partial x^2$ には中心差分，$\partial u/\partial \tau$ には前進差分を用いて整理すると，

$$\frac{u_n^{m+1} - u_n^m}{\delta\tau} + O(\delta\tau) = \frac{u_{n+1}^m - 2u_n^m + u_{n-1}^m}{(\delta x)^2} + O((\delta x)^2) \quad (6.9)$$

となり，$O(\cdot)$ の項を無視することで，上式を近似する[*8] と，

$$v_n^{m+1} = v_n^m + R(v_{n+1}^m - 2v_n^m + v_{n-1}^m) \quad (n=1,\cdots,N-1, \quad m=0,\cdots,M-1) \quad (6.10)$$

が得られる．ただし，$R = \delta\tau/(\delta x)^2$ で格子比率（mesh ratio）と呼ばれるものである．また境界条件と初期条件は次式で与えられる．

$$v_0^m \equiv f(0, m\delta\tau) = \lim_{x \to -\infty} u(x, m\delta\tau) = 0 \quad \text{（境界条件）}$$

$$v_N^m \equiv g(N\delta x, m\delta\tau) = \lim_{x \to \infty} u(N\delta x, m\delta\tau) = e^{\frac{1}{2}(k+1)N\delta x + \frac{1}{4}(k+1)^2 m\delta\tau} \quad \text{（境界条件）}$$

$$v_n^0 = u_0(n\delta x) = u(n\delta x, 0) = max(e^{\frac{1}{2}(k+1)n\delta x} - e^{\frac{1}{2}(k-1)n\delta x}, 0) \quad \text{（初期条件）}$$

この差分方程式を解くためには，初期条件から $m=0,1,2,\cdots$ の順に v_n^m を求める．この場合，陽的有限差分法という名称は，未知の変数 v_n^{m+1} が既知の変数セット $\{v_{n+1}^m, v_n^m, v_{n-1}^m\}$ によって陽的（explicit）に表現されている（図6.2参照）ことに基づいている．なお，陽的有限差分法で解が発散せずに安定的に得られるためには，$0 < R \leq 1/2$ である必要がある（詳細は後述）．

[*8] この近似（誤差項を無視）を行った u を v で表す．

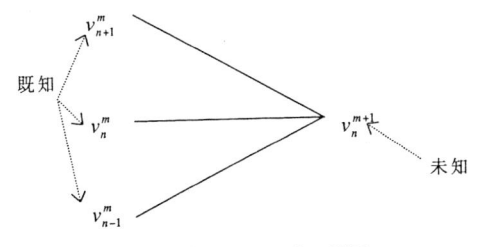

6.1 有限差分法の概要とヨーロピアン・コールのプライシング

図 6.2 各グリッドの解の関係

b. 陰的有限差分法（implicit finite difference method）

拡散方程式の偏微分係数の差分近似として，$\partial^2 u/\partial x^2$ には陽的差分法と同様に中心差分を用いるが，$\partial u/\partial \tau$ には今度は後進差分を用いて整理すると，

$$\frac{u_n^m - u_n^{m-1}}{\delta \tau} + O(\delta \tau) = \frac{u_{n+1}^m - 2u_n^m + u_{n-1}^m}{(\delta x)^2} + O((\delta x)^2) \quad (6.11)$$

となり，$O(\cdot)$ の項を無視することで，上式を近似すると，

$$v_n^{m-1} = v_n^m - R(v_{n+1}^m - 2v_n^m + v_{n-1}^m) \quad (n=1,\cdots,N-1,\ m=0,\cdots,M-1) \quad (6.12)$$

が得られる（ただし，$R = \delta \tau / (\delta x)^2$ である）．なお，初期条件と境界条件は陽的差分法の場合と同様である．

上式から明らかなように，未知変数 v_n^{m-1} を既知の変数で陽的には表すことができない（図 6.3 参照（このため陽的有限差分法に対して，陰的有限差分法と呼ばれている））．

すなわち，この差分方程式の解を求めるためには，v_n^m に関する以下の連立1次方程式（system of linear equations）を解かなければならない．

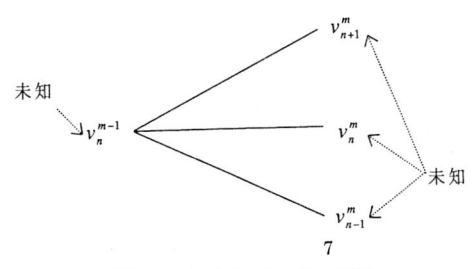

図 6.3 各グリッドの解の関係

$$\begin{pmatrix} 1+2R & -R & 0 & \cdots & 0 \\ -R & 1+2R & -R & & 0 \\ 0 & -R & \ddots & & \\ \vdots & & \ddots & \ddots & -R \\ 0 & 0 & & -R & 1+2R \end{pmatrix} \begin{pmatrix} v_{N-1}^m \\ v_{N-2}^m \\ \vdots \\ \vdots \\ v_1^m \end{pmatrix} = \begin{pmatrix} v_{N-1}^{m-1} \\ v_{N-2}^{m-1} \\ \vdots \\ \vdots \\ v_1^{m-1} \end{pmatrix} + R \begin{pmatrix} v_N^m \\ 0 \\ \vdots \\ \vdots \\ v_0^m \end{pmatrix} \quad (6.13)$$

なお，行列表現を用いると，T を上式で与えられる $(N-1)$ 次の3重対角行列として，

$$T\vec{v}^m = \vec{v}^{m-1} + \vec{b}^m \quad (6.14)$$

ただし，$\vec{v}^m = (v_{N-1}^m, v_{N-2}^m, \cdots, v_1^m)^t$，$\vec{b}^m = R(v_N^m, 0, \cdots, 0, v_0^m)^t$ [*9]

で与えられる．これを解く方法としては，T が対角行列である[*10]ことに注目して，連立1次方程式の解法の一つである LU 分解（補論3を参照）を利用するのが効率的である．

c. クランク・ニコルソン法 (Crank-Nicolson method)

クランク・ニコルソン法は，陽的差分法と陰的差分法の近似式の平均を用いる手法である．具体的には，

$$\frac{u_n^{m+1} - u_n^m}{\delta\tau} + O(\delta\tau) = \left(\frac{u_{n+1}^m - 2u_n^m + u_{n-1}^m}{2(\delta x)^2} + \frac{u_{n+1}^{m+1} - 2u_n^{m+1} + u_{n-1}^{m+1}}{2(\delta x)^2} \right) + O((\delta x)^2) \quad (6.15)$$

となり，$O(\cdot)$ の項を無視することで，上式を近似すると，

$$v_n^{m+1} - \frac{1}{2}R(v_{n-1}^{m+1} - 2v_n^{m+1} + v_{n+1}^{m+1}) = v_n^m + \frac{1}{2}R(v_{n-1}^m - 2v_n^m + v_{n+1}^m) \quad (6.16)$$

が得られる（ただし，$R = \delta\tau/(\delta x)^2$ である）．初期条件と境界条件は陽的差分法などの場合と同様である．この連立1次方程式を行列表現で表すと，

$$C\vec{v}^{m+1} = D\vec{v}^m + \vec{b}^m \quad (6.17)$$

ただし，$\vec{v}^m = (v_{N-1}^m, v_{N-2}^m, \cdots, v_1^m)^t$，$\vec{b}^m = \frac{1}{2}R(v_N^m + v_N^{m+1}, 0, \cdots, 0, v_0^m + v_0^{m+1})^t$

[*9] ベクトル表現の肩に書かれた t は行列の転置を表す記号である（以下同様）．
[*10] 行列 T は逆行列をもつ（証明は省略）ため，連立1次方程式の解は一義的に決定される．

$$C = \begin{pmatrix} 1+R & -R/2 & 0 & \cdots & 0 \\ -R/2 & 1+R & -R/2 & & \vdots \\ 0 & -R/2 & \ddots & & 0 \\ \vdots & & \ddots & \ddots & -R/2 \\ 0 & 0 & \cdots & -R/2 & 1+R \end{pmatrix}$$

$$D = \begin{pmatrix} 1-R & +R/2 & 0 & \cdots & 0 \\ +R/2 & 1-R & +R/2 & & \vdots \\ 0 & +R/2 & \ddots & & 0 \\ \vdots & & \ddots & \ddots & +R/2 \\ 0 & 0 & \cdots & +R/2 & 1-R \end{pmatrix}$$

で表される．この連立1次方程式を解く方法は，陰的差分法と同様にLU分解（補論3を参照）を利用するのが一般的である．

d. θ 法（一般化されたクランク・ニコルソン法）

θ 法（一般化されたクランク・ニコルソン法）は，陽的差分方程式と陰的差分方程式を $\theta(0 \leq \theta \leq 1)$ でウェイトづけして加えた以下の差分方程式を用いる手法であり，拡散方程式は，

$$v_n^{m+1} - \theta R(v_{n-1}^{m+1} - 2v_n^{m+1} + v_{n+1}^{m+1}) = v_n^m + (1-\theta)R(v_{n-1}^m - 2v_n^m + v_{n+1}^m) \quad (6.18)$$

で近似される．簡単にわかるように，$\theta = 0$ のときが陽的差分法，$\theta = 1$ のときが陰的差分法，$\theta = 1/2$ のときがクランク・ニコルソン法である．なお，解の安定性条件は，① $1/2 \leq \theta \leq 1$ のときは $R < 0$，② $0 \leq \theta \leq 1/2$ のときは $0 < R < 1/2(1-2\theta)$ で与えられる（証明は省略）．

6.1.3 有限差分法に関するいくつかの論点

a. 近似解の安定性条件

1) 陽的差分法

拡散方程式に有限差分法を適用する場合，陽的有限差分法については，条件の設定によっては近似解が安定せず，振動発散することがある．これをみるために，フーリエ（Fourier）変換の手法[*11)] を差分方程式に適用する．陽的有

限差分方程式

$$v_n^{m+1} = v_n^m + R(v_{n+1}^m - 2v_n^m + v_{n-1}^m) \tag{6.19}$$

の解（特解[*12]）として，$v_n^m = f(m)e^{ikn\delta x}$（ただし，$i(=\sqrt{-1})$ は虚数単位，k は任意の実数）の形式[*13]のものを求める．上式に代入すると，

$$\begin{aligned} f(m+1) &= (R \cdot e^{ik\delta x} + 1 - 2R + R \cdot e^{-ik\delta x})f(m) \\ &= \left(1 - 4R\sin^2\frac{k\delta x}{2}\right)f(m) \end{aligned} \tag{6.20}$$

したがって，便宜上 $f(0)=1$（定数）とおくと，

$$v_n^m = \left(1 - 4R\sin^2\frac{k\delta x}{2}\right)^m e^{ikn\delta x} \tag{6.21}$$

が特解として得られる．差分方程式は v についての線形方程式であるので，同方程式の一般解はこの特解の重ね合わせ（k に関する線形結合）で表される．

上式より，ある k に対して $|1-4R\sin^2(k\delta x/2)|>1$ であると m が増加するにつれて特解の絶対値が指数的に大きくなるため，解が安定しない（発散する）ことになる．したがって，解の安定性が確保されるための条件は，$|1-4R\sin^2(k\delta x/2)|\leq 1$ であり，これから格子比率 R には次の条件が課されることがわかる（つまり，陽的有限差分法では $\delta\tau$，δx を独立に選択することはできず，これらは (6.22) 式を満たさなければならない）．

$$0 < R = \frac{\delta\tau}{(\delta x)^2} \leq \frac{1}{2} \tag{6.22}$$

なお，上記の解の安定性条件は，陽的有限差分法を格子モデル（lattice model）[*14]とみなすことによっても導出される．すなわち，差分方程式を

[*11] フーリエ変換は偏微分方程式の解の導出に有用であり，例えば本章で扱う拡散方程式の厳密解の導出においても用いられる．詳細については，文献5) などを参照．
[*12] 微分方程式を解く際には，原理的には変数を積分する．このため，初期条件を与えないと解は任意定数を含むことになるが，この形の解を<u>一般解</u>という．一方，特定の初期条件を指定して得られた解を<u>特解</u>という．
[*13] $e^{i\theta}=\cos\theta+i\sin\theta$ の関係がある（本文中の計算においてもこの関係を用いる）．
[*14] 格子モデル（文献8) などを参照）では，原資産価格と時間で格子を形成し（有限差分法と同様），

$$v_n^{m+1} = Rv_{n+1}^m + (1-2R)v_n^m + Rv_{n-1}^m \tag{6.23}$$

と書き直すと，これは，状態 n が時間 $\delta\tau$ の間に，① 確率 R で状態 $(n+1)$ に遷移する，② 確率 $(1-2R)$ で状態 n に止まる，③ 確率 R で状態 $(n-1)$ に遷移する，ことを表現した3項格子モデル（図6.4）と同値であると考えることができる[*15]．したがって，各々の"確率"は正でなければならず，このことから $0 < R \leq 1/2$ が導かれる．

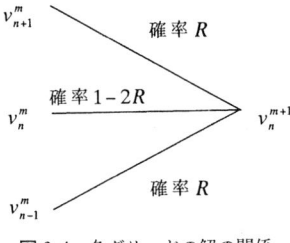

図6.4 各グリッドの解の関係

2) 陰的差分法

陰的差分法についても，フーリエ変換の手法を用いて特解を求めると，陽的差分法の場合と同様の計算により，

$$v_n^m = \left(1 + 4R\sin^2\frac{k\delta x}{2}\right)^{-m} e^{ikn\delta x} \tag{6.24}$$

が得られる．ここで $|1+4R\sin^2(k\delta x/2)| \geq 1$ であるので，任意の k に対する特解の絶対値は m を増加させても発散しないことがわかる．すなわち，陰的差分法の場合には，陽的差分法のような $R(>0)$ に対する条件はなく，$\delta\tau$，δx を独立に選択することが可能である．

　偏微分方程式そのものは使わずに，原資産価格の推移過程から，リスク中立の世界における各格子間の推移確率と各格子上の割引金利を計算し，各格子上のキャッシュフローを満期から現在時点に向かって徐々に戻す形で割引く（この操作を backward induction と呼ぶ）ことにより金融派生商品価格を求める．この場合，格子間の推移確率は格子を形成する時間の分割幅（$\delta\tau$）と原資産価格の分割幅（δx）の関数になることから，推移確率が"確率"としての意味をもつためには $\delta\tau$ と δx を独立に設定することはできない．

[*15] 3項格子モデルは，そもそも陽的有限差分法の手法を格子モデルに適用したものである（この点は文献9）を参照）．

3) クランク・ニコルソン法

クランク・ニコルソン法でも上記と同様の計算により,

$$v_n^m = \left\{\frac{1-2R\sin^2(k\delta x/2)}{1+2R\sin^2(k\delta x/2)}\right\}^m e^{ikn\delta x} \equiv \lambda^m e^{ikn\delta x} \quad (6.25)$$

が得られる. ここで $\lambda \leq 1$ であるので, 任意の k に対する特解の絶対値は m を増加させても発散しない. すなわち, クランク・ニコルソン法では, 陰的差分法と同様, $R(>0)$ に対する条件はなく, $\delta\tau$, δx を独立に選択することが可能である.

b. 差分法の近似精度

これまでみてきたように拡散方程式の離散近似である差分方程式では, $O(\delta\tau)$ と $O((\delta x)^2)$ のオーダーの誤差がみかけ上含まれている. しかし, クランク・ニコルソン法の場合の誤差のオーダーは, 実際には $O((\delta\tau)^2)$ と $O((\delta x)^2)$ であることが示される. その点を以下に示す.

クランク・ニコルソン法の差分方程式の右辺は, 次の偏微分形式を近似したものである.

$$\frac{1}{2}\left\{\frac{\partial^2 u}{\partial x^2}(x,\tau+\delta\tau)+\frac{\partial^2 u}{\partial x^2}u(x,\tau)\right\}$$

これを, グリッド $(x,\tau+\delta\tau/2)$ における微分形式を用いてテーラー展開すれば,

$$\frac{\partial^2 u}{\partial x^2}(x,\tau) = \frac{\partial^2 u}{\partial x^2}\left(x,\tau+\frac{\delta\tau}{2}\right) - \frac{\partial}{\partial\tau}\left\{\frac{\partial^2 u}{\partial x^2}\left(x,\tau+\frac{\delta\tau}{2}\right)\right\}\frac{\delta\tau}{2} + O((\delta\tau)^2) \quad (6.26)$$

$$\frac{\partial^2 u}{\partial x^2}(x,\tau+\delta\tau) = \frac{\partial^2 u}{\partial x^2}\left(x,\tau+\frac{\delta\tau}{2}\right) + \frac{\partial}{\partial\tau}\left\{\frac{\partial^2 u}{\partial x^2}\left(x,\tau+\frac{\delta\tau}{2}\right)\right\}\frac{\delta\tau}{2} + O((\delta\tau)^2) \quad (6.27)$$

であるので, 辺々加えて 2 で割れば,

$$\frac{\partial^2 u}{\partial x^2}\left(x,\tau+\frac{\delta\tau}{2}\right) = \frac{1}{2}\left\{\frac{\partial^2 u}{\partial x^2}(x,\tau+\delta\tau)+\frac{\partial^2 u}{\partial x^2}u(x,\tau)\right\} + O((\delta\tau)^2) \quad (6.28)$$

が得られる. 一方, 同様の計算により

$$\frac{\partial u}{\partial\tau}\left(x,\tau+\frac{\delta\tau}{2}\right) = \frac{u(x,\tau+\delta\tau)-u(x,\tau)}{\delta\tau} + O((\delta\tau)^2) \quad (6.29)$$

が得られるので, 結局, 差分方程式は,

$$\frac{u_n^{m+1}-u_n^m}{\delta\tau}+O((\delta\tau)^2)=\left\{\frac{u_{n+1}^m-2u_n^m+u_{n-1}^m}{2(\delta x)^2}+\frac{u_{n+1}^{m+1}-2u_n^{m+1}+u_{n-1}^{m+1}}{2(\delta x)^2}\right\}+O((\delta x)^2)$$
(6.30)

となる．したがって，グリッド (x,τ) へのクランク・ニコルソン法の適用をグリッド $(x,\tau+\delta\tau/2)$ での近似であるとみなした場合には，誤差のオーダーは $O((\delta\tau)^2)$ と $O((\delta x)^2)$ である．

6.1.4 具体的な計算アルゴリズム例と計算事例

ここでは，これまでの各種有限差分方程式の解法に基づき，実際にプログラムを組んで，拡散方程式の近似解の計算とヨーロピアン・コール・オプションのプライシングを行う．最初に，陽的および陰的差分法について計算アルゴリズムを簡単に示した後，それに基づいて計算・プライシングを行う．

a．計算アルゴリズム例

1) 陽的差分法

これまでに説明してきた陽的有限差分法の場合の計算アルゴリズムとしては，例えば次のようなものが考えられる[16]．

（a）各種パラメータの設定[17]

$$\delta x=\frac{(x_{\max}-x_{\min})}{M}, \quad \delta\tau=\frac{\tau}{N}$$

（b）初期値 v_n^0 の計算

$n=0,1,\cdots,N$ の順に

$\quad v_n^0=u_0(n\delta x)=u(n\delta x,0)$

を繰返し計算

（c）v_n^m を順次計算する．

$m=0,1,\cdots,M-1$ の順に

$\quad v_0^m=f(0,m\delta\tau), \quad v_N^m=g(N\delta x,m\delta\tau)$

$\quad n=1,2,\cdots,N-1$ の順に

---

[16] 本章で示す計算アルゴリズムは一例に過ぎず，より効率的なアルゴリズムもありうる．

[17] $x_{\max}, x_{\min}$ については，金融派生商品価格を算出する原資産価格 (x_s) を挟んで広く設定することが必要である．この"広さ"の目安としては，ボラティリティや満期までの時間が考えられるが，本章の計算プログラムでは，一律 $x_{\max}=10\times x_s$, $x_{\min}=x_s/10$ に設定した．

$$v_n^{m+1} = v_n^m + R(v_{n+1}^m - 2v_n^m + v_{n-1}^m)$$
　　└ を繰返し計算
　└ を繰返し計算

2) 陰的差分法の場合

陰的有限差分法の場合は，上記陽的有限差分法の計算アルゴリズムのうち（c）について行列計算を行う形に変える．

　（a）各種パラメータの設定

$$\delta x = \frac{(x_{\max} - x_{\min})}{M}, \quad \delta\tau = \frac{\tau}{N}$$

　（b）初期値 v_n^0 の計算

　　┌ $n = 0, 1, \cdots, N$ の順に
　　│　　$v_n^0 = u_0(n\delta x) = u(n\delta x, 0)$
　　└ を繰返し計算

　（c）v_n^m を順次計算

　　┌ $m = 1, \cdots, M-1$ の順に
　　│　　$v_1^m = v_1^{m-1} + Rf(0, m\delta\tau), \quad v_{N-1}^m = v_{N-1}^{m-1} + Rg(N\delta x, m\delta\tau)$
　　│　┌ $n = 2, \cdots, N-1$ の順に
　　│　│　　$u_1 = 1 + 2R, \quad u_n = (1 + 2R) - \dfrac{R^2}{u_{n-1}}$
　　│　└ を繰返し計算
　　│　┌ $n = 2, \cdots, N-1$ の順に
　　│　│　　$y_1 = v_1^m, \quad y_n = v_{n-1}^m + \dfrac{Ry_{n-1}}{u_{n-1}}$
　　│　└ を繰返し計算
　　│　┌ $n = N-2, \cdots, 1$ の順に
　　│　│　　$v_{N-1}^m = \dfrac{y_{N-1}}{u_{N-1}}, \quad v_n^m = \dfrac{(y_n + Rv_{n+1}^m)}{u_n}$
　　│　└ を繰返し計算
　　└ を繰返し計算

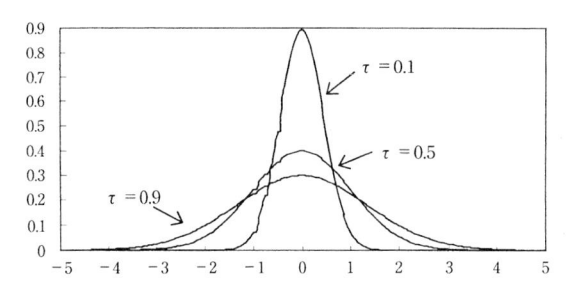

6.1 有限差分法の概要とヨーロピアン・コールのプライシング 149

図6.5 拡散方程式の陽的有限差分法による解（横軸：x）

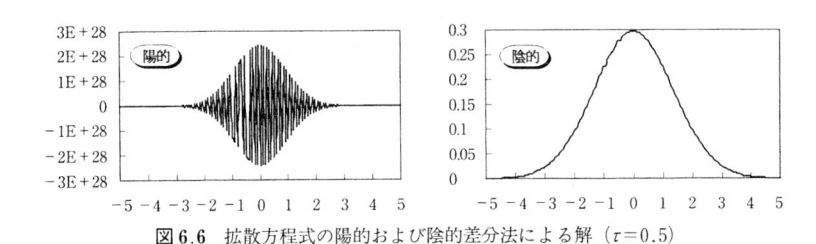

図6.6 拡散方程式の陽的および陰的差分法による解（$\tau=0.5$）

b. 具体的な計算事例

1) 拡散方程式の近似解の導出

ここでは，ヨーロピアン・コールのプライシングを行う前に，上述の計算アルゴリズムを用いて[*18]，拡散方程式の近似解 $u(x,\tau)$ を陽的および陰的有限差分法によって各々求める．なお，計算に当たっては，初期条件を $u(0,0)=1/\delta x, u(x,0)=0 (x\neq 0)$，境界条件を $u(x_{\max},\tau)=e^{-x_{\max}^2/2}/\sqrt{4\pi\tau}$ （ただし $\tau>0$．また $x_{\min}$ の場合の境界条件も同様）[*19] とおいた．

まず，陽的差分法を用いて，拡散方程式の解が時間が進むにつれてどのような動きを示すかをみるために，$\tau=0.1, 0.5, 0.9$ の 3 つの時点での解を計算した．なお，格子比率 (R) は解の安定性を確保するために 0.45 とした．

この結果が図 6.5 であるが，拡散方程式の名前が示す通り，時間が進むにつれて，解の形状が徐々に"拡散"していく様子がみてとれる．

次に，陽的差分法で解の安定性が確保できない格子比率を選び（ここでは

[*18)] 本章では，すべての計算ルーチンをプログラム言語 "Visual Basic" で作成した．
[*19)] 初期条件を上述のように設定した場合，境界条件がこのように決まることは，フーリエ変換による拡散方程式の厳密解算出の過程（補論2などを参照）から求められる．

表6.1 各種変数の設定

E (行使価格)	T (満期)	γ (無リスク金利)	σ (ボラティリティ)
10	0.5	0.1	0.8

$R=0.55$ とした），陽的差分法と陰的差分法の2つで解を計算した．この結果が図6.6であるが，陽的差分法の場合には解が振動発散する（解が求められない）一方で，陰的差分法の場合には解の安定性が確保できることがわかる．

2) ヨーロピアン・コールのプライシング

ここでは，これまで解説してきた有限差分法のうち，陽的，陰的，クランク・ニコルソン法の3手法について，上記計算アルゴリズムに基づいてプログラムを作成し，ヨーロピアン・コールのプライシングを表6.1の条件で行う．

プライシングの結果を図6.7，表6.2に掲げた[20]．まず，図6.7の曲線は，クランク・ニコルソン法によるヨーロピアン・コールのペイオフ関数の近似解を示しているが，コール・オプションのペイオフ関数の形状をよくとらえていることがわかる．

また，表6.2では，3種類の有限差分法によるプライシング結果を示した．これから明らかのように，ここでのプライシング事例では，各差分法とも厳密解をかなり的確に近似し得ていることがわかる[21]．

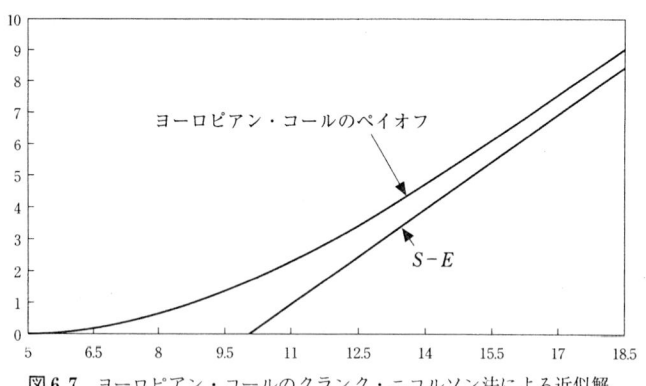

図6.7 ヨーロピアン・コールのクランク・ニコルソン法による近似解
横軸：S，縦軸：オプション価格

---

[20] 時間軸・原資産軸とも100のグリッドに分割した．
[21] ここでは，プライシングの具体例を示すことを目的としているので，各差分法ごとの近似精度の比較やグリッド数と近似精度との関係についての考察は行わない．

表 6.2 ヨーロピアン・コールの各種有限差分法による解

原資産価格	陽的	陰的	CN	厳密解
5	0.03224	0.03383	0.03304	0.03278
5.5	0.06534	0.06719	0.06627	0.06612
6	0.11871	0.12051	0.11961	0.11943
6.5	0.19757	0.19901	0.19829	0.19758
7	0.30457	0.30539	0.30498	0.30457
7.5	0.44333	0.44336	0.44334	0.44320
8	0.61486	0.61405	0.61445	0.61500
8.5	0.82146	0.81988	0.82067	0.82028
9	1.05925	1.05703	1.05814	1.05836
9.5	1.32757	1.32490	1.32624	1.32773
10	1.62505	1.62215	1.62360	1.62632
10.5	1.95109	1.94816	1.94963	1.95171
11	2.30078	2.29800	2.29939	2.30132
11.5	2.67162	2.66912	2.67037	2.67251
12	3.06190	3.05979	3.06084	3.06272
12.5	3.46961	3.46794	3.46877	3.46956
13	3.89147	3.89029	3.89088	3.89079
13.5	4.32525	4.32454	4.32489	4.32441
14	4.76900	4.76874	4.76886	4.76863

6.2 有限差分法を用いたアメリカン・プットのプライシング

6.2.1 アメリカン・プットの制約条件

期限前行使を認めているアメリカン・オプションの場合，コールは満期まで保有するのが最も有利である一方，プットは原資産価格の水準によっては満期まで保有せずに，期限前行使するのが最も有利であることがある[*22]．ここから，アメリカン・プットの価格に関する制約条件が導き出される．ここでは，この点を説明する．

a．アメリカン・コール

行使価格を E とするアメリカン・コール・オプション 1 単位（価格 $C(S_t, t)$）と満期 T のペイオフを E とする割引債 1 単位からなるポートフォリオ

[*22] 本章の脚注 2) でも触れたように，本章では配当支払のない証券（株式）を原資産とするオプションを前提としている．一方，原資産が配当支払のある株式や為替，債券などである場合には，アメリカン・コールにおいても期限前行使が最適な行動である場合がある．

表6.3　各ポートフォリオの価値

	ポートフォリオA	ポートフォリオB
現在価値	$C(S_t,t)+Ee^{-r(T-t)}$	S_t
満期Tでの価値	$max(E,S_T)$	S_T

Aと原資産1単位（価格S_t）[*23]からなるポートフォリオBを考える．これら2つのポートフォリオの価値を比較すると表6.3のようになる．

満期Tでは，ポートフォリオAの価値はポートフォリオBの価値を下回ることはない．したがって，現在価値についてもポートフォリオAがポートフォリオBを下回ることはないから，

$$C(S_t,t)+Ee^{-r(T-t)} \geq S_t \qquad (6.31)$$

が得られる．上式の左辺と右辺の差を$Ins.C(S_t,t)$ (>0)とおくと，これはコール・オプションがもつ"保険"としての価値を表す項であるとみなすことができる．式を整理すると，

$$C(S_t,t)-(S_t-E)=(E-Ee^{-r(T-t)})+Ins.C(S_t,t) \qquad (6.32)$$

となる．上式の左辺は，現時点でオプションを行使した場合の損失額を表しているが，右辺をみると第1項，第2項とも正の値をとることから，現時点でオプションを行使すると正の損失が発生することになる．したがって，

$$C(S_t,t) > max(S_t-E,0) \qquad (6.33)$$

であり，アメリカン・コールの場合は期限前行使は有利ではなく，満期まで持ち切ることが最適な行動であることがわかる．

b．アメリカン・プット

次に，アメリカン・プット・オプションに同様の議論を適用すると，

$$P(S_t,t) \geq Ee^{-r(T-t)}-S_t \qquad (6.34)$$

が得られる．両辺の差額（"保険"の価値を表す）を$Ins.P(S_t,t)$として，簡単に式を整理すると，

[*23] ここでは，わかりやすくするために，原資産価格に時間に関する添え字を付す．

$$P(S_t,t)-(E-S_t) = -E(1-e^{-r(T-t)})+Ins.P(S_t,t) \qquad (6.35)$$

が得られる．上式の左辺は，現時点でオプションを行使した場合の損失額を表している．一方，右辺をみると第1項は負，第2項は正であることから，現時点でオプションを行使した場合，コール・オプションの場合と異なり，ゼロまたは負の損失（つまり利益）が発生する可能性がある．こうした意味で，アメリカン・プットでは，期限前行使が最適な行動である場合もありうることになる．

ただし，P は $E-S_t$ よりも小さくなることはない．なぜならば，オプション価格が $P(S_t,t)<E-S_t$ にまで下落したとすると，その時点で裁定機会が生じるからである．すなわち，当該不等式が成立している状況では，その時点で当該オプションを P で，原資産を S_t で各々購入した上で，オプションを期限前行使し，原資産を E で売却することにより，$E-P-S_t(>0)$ の利益をあげられる．しかし，こうした裁定機会はすぐに消滅するので，結局，アメリカン・プットでは，次の制約条件が成立する．

$$P(S_t,t) \geq max(E-S_t,0) \qquad (6.36)$$

アメリカン・プットの場合，原資産価格が十分に低い状況では，その時点で行使することが最適の行動である（例えば，$S=0$ とすると，当該オプションの価値の最大値は E であるが，現時点で行使して E を受け取るのが最も有利である）．すなわち，ある S_f があって，

$$S>S_f \text{のとき} \quad P(S,t)>max(E-S,0) \qquad (6.37)$$
$$S \leq S_f \text{のとき} \quad P(S,t)=max(E-S,0)=E-S \qquad (6.38)$$

となる（図6.8参照．この S_f を自由境界（free boundary）と呼ぶ．自由境界は事前には与えられず，実際に偏微分方程式を解くことによって求められる．

なお，ブラック・ショールズ式の微分演算子[*24]（L_{BS}）を $P=E-S$ に施すと，

[*24] 補論1を参照．

$$L_{BS}P = \frac{\partial}{\partial t}(E-S) + \frac{1}{2}\sigma^2 S^2 \frac{\partial^2}{\partial S^2}(E-S) + rS\frac{\partial}{\partial S}(E-S) - r(E-S)$$
$$= 0 + 0 - rS - r(E-S)$$
$$= -rE < 0 \qquad (6.39)$$

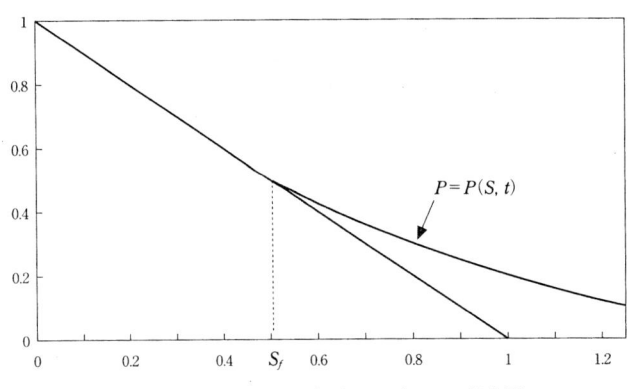

となる.すなわち,原資産価格が S_f を下回る水準では,$P(S,t)$ はブラック・ショールズ方程式を満たさないため,期限前行使が可能なアメリカン・プットの場合には,次の不等式が成立する.

$$\frac{\partial}{\partial t}P + \frac{1}{2}\sigma^2 S^2 \frac{\partial^2}{\partial S^2}P + rS\frac{\partial}{\partial S}P - rP \leq 0 \qquad (6.40)$$

図 6.8 アメリカン・プットのペイオフの概念図
横軸:S,縦軸:オプション価格

6.2.2 アメリカン・プットのプライシング手法

a. 基本的な考え方

6.2.1 項では,アメリカン・プット・オプションには次のような制約条件があることを示した.

$$P(S,t) \geq max(E-S, 0) \qquad (6.41)$$

$$\frac{\partial}{\partial t}P + \frac{1}{2}\sigma^2 S^2 \frac{\partial^2}{\partial S^2}P + rS\frac{\partial}{\partial S}P = rP \quad (S > S_f \text{ のとき}) \qquad (6.42)$$

$$\frac{\partial}{\partial t}P + \frac{1}{2}\sigma^2 S^2 \frac{\partial^2}{\partial S^2}P + rS\frac{\partial}{\partial S}P < rP \quad (S \leq S_f \text{ のとき}) \qquad (6.43)$$

6.2 有限差分法を用いたアメリカン・プットのプライシング

すなわち，アメリカン・プットの価格は，未知の S_f がこれらの制約条件を満たすという条件の下で求められることになる（このような形の偏微分方程式の解を求める問題を自由境界問題（free boundary problem）という）。ここで，この問題を難しくしているのは，自由境界 S_f が事前には与えられていないということである．そこで，自由境界に関する直接的な表現をこの自由境界問題からとり除く形で修正し，その修正後の"問題"を解いていくというアプローチをとる．

プット・オプションのブラック・ショールズ方程式を拡散方程式に変換するために，$S=Ee^x$, $t=T-2\tau/\sigma^2$, $k=2r/\sigma^2$, $P(S,t)=Ee^{-\frac{1}{2}(k-1)x-\frac{1}{4}(k+1)^2\tau}u(x,\tau)$ とすると，

$$\frac{\partial u}{\partial \tau}=\frac{\partial^2 u}{\partial x^2} \tag{6.44}$$

が得られる．ここで，

$$g(x,\tau)=e^{\frac{1}{4}(k+1)^2\tau}max(e^{\frac{1}{2}(k-1)x}-e^{\frac{1}{2}(k+1)x},0) \tag{6.45}$$

とおくと，上記方程式の初期条件と制約条件（$P(S,t)\geq max(E-S,0)$）は，$u(x,0)=g(x,0)$, $u(x,\tau)\geq g(x,\tau)$ となる．また，境界条件は $\lim_{x\to\infty}u(x,\tau)=0$ である．

アメリカン・プットの場合には，S_f に対応する x_f があって（ただし，いずれも時間の関数），

$$x>x_f \text{ ならば，} u(x,\tau)>g(x,\tau) \text{ かつ } \frac{\partial u}{\partial \tau}=\frac{\partial^2 u}{\partial x^2} \tag{6.46}$$

$$x\leq x_f \text{ ならば，} u(x,\tau)=g(x,\tau) \text{ かつ } \frac{\partial u}{\partial \tau}>\frac{\partial^2 u}{\partial x^2} \tag{6.47}$$

である．

これらは，次のいわゆる線形相補形式（linear complimentarity form）にまとめることができる．

$$\frac{\partial u}{\partial \tau}-\frac{\partial^2 u}{\partial x^2}\geq 0 \tag{6.48}$$

$$u(x,\tau)-g(x,\tau)\geq 0 \tag{6.49}$$

$$\left(\frac{\partial u}{\partial \tau}-\frac{\partial^2 u}{\partial x^2}\right)\{u(x,\tau)-g(x,\tau)\}=0 \tag{6.50}$$

この形式の利点は,自由境界が明示的には含まれていないことである.この一連の形式を満たす $u(x,\tau)$ を求めることによって,事後的に自由境界を見出すことができる.

b. 有限差分法の適用

これを解くために,上記線形相補形式を差分方程式に近似するが,ここでは,クランク・ニコルソン法の一般型である θ 法を用いる.

まず,グリッド $(n\delta x, m\delta\tau)$ における離散近似解およびペイオフを各々 u_n^m, g_n^m と書くと

$$u_n^m = u(n\delta x, m\delta\tau), \quad g_n^m = g(n\delta x, m\delta\tau) \quad (n=0,1,\cdots,N,\ m=0,1,\cdots,M) \tag{6.51}$$

となる.また,各偏微分係数は θ 法では以下のように近似される.

$$\frac{\partial u}{\partial \tau} = \frac{u_n^{m+1} - u_n^m}{\delta\tau} + O(\delta\tau) \tag{6.52}$$

$$\frac{\partial^2 u}{\partial x^2} = \theta\left\{\frac{u_{n+1}^{m+1} - 2u_n^{m+1} + u_{n-1}^{m+1}}{(\delta x)^2}\right\} + (1-\theta)\left\{\frac{u_{n+1}^m - 2u_n^m + u_{n-1}^m}{(\delta x)^2}\right\} + O((\delta x)^2) \tag{6.53}$$

$O(\cdot)$ 項を無視した場合の,u_n^m の近似を v_n^m とすると,まず初期条件,境界条件は $v_n^0 = g_n^0$, $v_0^m = g_0^m$, $v_N^m = g_N^m$ で与えられ,さらに上記の線形相補形式は次式のように整理される($R = \delta\tau/(\delta x)^2$ である).

$$v_n^m \geq g_n^m \tag{6.54}$$

$$v_n^{m+1} - R\theta(v_{n+1}^{m+1} - 2v_n^{m+1} + v_{n-1}^{m+1}) \geq b_n^m \tag{6.55}$$

$$(v_n^{m+1} - R\theta(v_{n+1}^{m+1} - 2v_n^{m+1} + v_{n-1}^{m+1}) - b_n^m)(v_n^{m+1} - g_n^{m+1}) = 0 \tag{6.56}$$

$$\text{ただし,}\ b_n^m = v_n^m - R(1-\theta)(v_{n+1}^m - 2v_n^m + v_{n-1}^m)$$

これらの連立1次方程式(および不等式)を行列表現で表すと,

$$\vec{v}^{m+1} - \vec{g}^{m+1} \geq 0 \tag{6.57}$$

$$C\vec{v}^{m+1} - \vec{b}^m \geq 0 \tag{6.58}$$

$$(\vec{v}^{m+1} - \vec{g}^{m+1})(C\vec{v}^{m+1} - \vec{b}^m) = 0 \tag{6.59}$$

ただし,$\vec{v}^m = (v_{N-1}^m, v_{N-2}^m, \cdots, v_1^m)^t$ ($\vec{g}^m$, $\vec{b}^m$ も同様)

6.2 有限差分法を用いたアメリカン・プットのプライシング

$$C = \begin{pmatrix} 1+2R\theta & -R\theta & 0 & \cdots & 0 \\ -R\theta & 1+2R\theta & -R\theta & & \vdots \\ 0 & -R\theta & \ddots & \ddots & 0 \\ \vdots & & \ddots & 1+2R\theta & -R\theta \\ 0 & 0 & \cdots & -R\theta & 1+2R\theta \end{pmatrix}$$

これらを数値的に解くために,ここでは,拡張された SOR 法(逐次過緩和法(successive over-relaxation method))を用いる(SOR 法の詳細は補論 4 参照).

6.2.3 アメリカン・プットのプライシング事例
a. 計算アルゴリズム例

アメリカン・プットのプライシングを有限差分法と SOR 法の組合せで行う場合の計算アルゴリズム例は,以下のようになる.

(a) 各種パラメータの設定

$$\delta x = \frac{(x_{\max} - x_{\min})}{M}, \quad \delta\tau = \frac{\tau}{N}$$

(b) 初期値 v_n^0 の計算

$\quad\begin{bmatrix} n=0,1,\cdots,N \text{ の順に} \\ v_n^0 = u_0(n\delta x) = u(n\delta x, 0) \\ \text{を繰返し計算} \end{bmatrix}$

(c) v_n^m を順次計算

$\quad\begin{bmatrix} m=0,1,\cdots,M-1 \text{ の順に} \\ \quad \text{(c-1)} \quad \text{諸変数値の計算} \\ \quad v_0^m = g_0^m = f(0, m\delta\tau), \quad v_N^m = g_N^m = g(N\delta x, m\delta\tau) \\ \quad\begin{bmatrix} n=1,2,\cdots,N-1 \text{ の順に} \\ g_n^m \\ b_n^m = v_n^m - R(1-\theta)(v_{n+1}^m - 2v_n^m + v_{n-1}^m) \\ \text{を繰返し計算} \end{bmatrix} \\ \quad \text{(c-2)} \quad \text{SOR 法の適用} \\ \qquad (m \text{ を固定した状態での,} k \text{ 回目の反復計算値を } v_n^k \text{ と書く.} \\ \qquad \text{初期値を } v_n^0 \geq g_n^{m+1} \text{ となるように適宜設定)} \end{bmatrix}$

158   6. 有限差分法を用いたオプション価格の数値計算手法

$\quad\quad k=1,2,\cdots$ について
$\quad\quad\quad n=1,2,\cdots,N-1$ の順に
$$y_n^{k+1}=\frac{\{b_n^m+R\theta(v_{n-1}^{k+1}+v_{n+1}^k)\}}{(1+2R\theta)}$$
$$v_n^{k+1}=max(g_n^{m+1},v_n^k+\omega(y_n^{k+1}-v_n^k))$$
$$y\_plus=y\_plus+(v_n^{k+1}-v_n^k)^2$$
$\quad\quad\quad$ を繰返し計算
$\quad\quad\;$ y_plus があらかじめ設定した停止条件以下まで繰返し計算
$\quad$ を繰返し計算

b. 具体的な計算例

上記の計算アルゴリズムを用いて,実際にアメリカン・プットのプライシングを表6.4の条件で行った(なお $\theta=1/2$(クランク・ニコルソン法)とし

表6.4 各種変数の設定

E(行使価格)	T(満期)	γ(無リスク金利)	σ(ボラティリティ)
10	0.5	0.1	0.8

表6.5 計算結果

S	1	2	3	4	5	6	7	8	9	10	11	12
アメリカン	9.000	8.000	7.000	6.000	5.027	4.190	3.487	2.898	2.409	2.003	1.668	1.392
ヨーロピアン	8.512	7.514	6.534	5.604	4.754	4.001	3.349	2.794	2.327	1.937	1.613	1.344

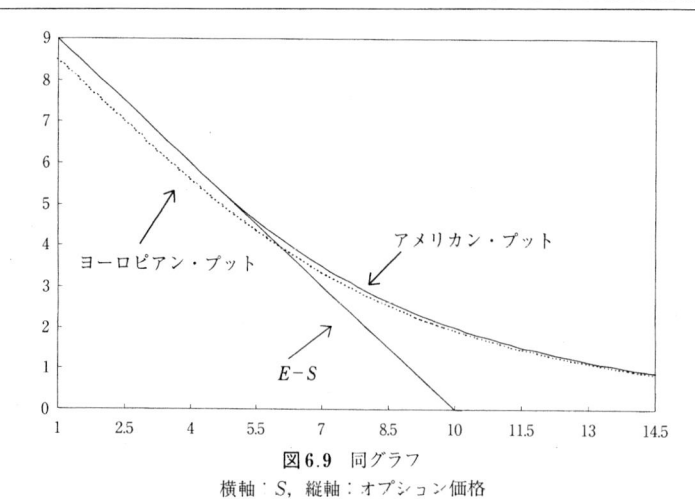

図6.9 同グラフ
横軸:S,縦軸:オプション価格

た).なお,比較のためヨーロピアン・プットのプライシング(厳密解)もあわせて行った.

この結果が,表6.5,図6.9であるが,これをみると,アメリカン・プットの場合には,① $P \geq E-S$ の関係を満たすこと,② S が十分低くなると $P=E-S$ が成立すること,③ アメリカン・プットの価格>ヨーロピアン・プットの価格であることが,改めてわかる.

6.A 補論1:ブラック・ショールズ方程式の導出

原資産価格 S が次の対数正規過程によって記述できるとする.

$$dS = \mu S dt + \sigma S dX \tag{6.60}$$

ただし,μ:原資産の収益率

σ:原資産のボラティリティ

$dX = \varepsilon \sqrt{dt}$ (ウィナー過程)[*25]

このとき,派生商品の価格を $f(S,t)$ とすると,伊藤の補題(Ito's lemma(下記の参考の項を参照))より,

$$df = \left(\frac{\partial f}{\partial t} + \frac{\partial f}{\partial S} \mu S + \frac{\partial^2 f}{2 \partial S^2} \sigma^2 S^2 \right) dt + \frac{\partial f}{\partial S} \sigma S dX \tag{6.61}$$

が得られる.ここで,原資産を $\Delta (=\partial f/\partial S)$ 単位ロング,派生商品1単位をショートで保有する,dX に関する項を消したポートフォリオ Π を考えると,

$$d\Pi = \Delta dS - df = -\left(\frac{\partial f}{\partial t} + \frac{\partial^2 f}{2 \partial S^2} \sigma^2 S^2 \right) dt \tag{6.62}$$

が得られるが,このポートフォリオはヘッジ後の(すなわち dX に関する項がない)ポートフォリオであるため,dt の収益率は無リスク・ポートフォリオの収益率(r)と等しくなければならない.したがって,$d\Pi = r\Pi dt$ が成立し,

---

[*25] ε は標準正規分布 $N(0,1)$ からのランダム・サンプルを表す(文献2),4)などを参照).

$$\left(\frac{\partial f}{\partial t}+\frac{\partial^2 f}{2\partial S^2}\sigma^2 S^2\right)dt = r\left(f-\frac{\partial f}{\partial S}S\right)dt \tag{6.63}$$

となるので，以下のブラック・ショールズ方程式が得られる．

$$\frac{\partial f}{\partial t}+\frac{1}{2}\sigma^2 S^2\frac{\partial^2 f}{\partial S^2}+rS\frac{\partial f}{\partial S}-rf=0 \tag{6.64}$$

なお，同方程式にかかる微分演算子 (differential operator) を，以下のように定義すると，右辺の最初の2項は，ヘッジされたオプション・ポートフォリオの収益率を表し，残りの2項は無リスク・ポートフォリオの収益率（符号は逆）を表していることになる．

$$L_{BS}=\frac{\partial}{\partial t}+\frac{1}{2}\sigma^2 S^2\frac{\partial^2}{\partial S^2}+rS\frac{\partial}{\partial S}-r \tag{6.65}$$

コール・オプション $(f(S,t)=C(S,t))$ およびプット・オプション $(f(S,t)=P(S,t))$ は，満期 T において，$C(S,T)=max(S-E,0)$，$P(S,T)=max(E-S,0)$ の条件を満たす（E は行使価格）．

参考：伊藤の補題 (Ito's lemma)

伊藤の補題とは，変数 x が次の過程（時間 t）に従うとき，

$$dx=a(x,t)dt+b(x,t)dz \quad (ただし, dz はウィナー過程) \tag{6.66}$$

x と t の関数である G が以下のような過程に従うことである[*26]（証明略）．

$$dG=\left(\frac{\partial G}{\partial t}+\frac{1}{2}\frac{\partial^2 G}{\partial x^2}b^2+\frac{\partial G}{\partial x}a\right)dt+\frac{\partial G}{\partial x}bdz \tag{6.67}$$

伊藤の補題は，変数が拡散過程に従っている関数の微分を求める基本演算である．

[*26] 証明は，例えば文献4) を参照．

6.B 補論2：ブラック・ショールズ方程式の拡散方程式への変換と解析解の導出

ここでは，ヨーロピアン・コール・オプションに関して，ブラック・ショールズ方程式の拡散方程式への変換とそれに基づく解析解の導出を行う[*27]．

6.B.1 拡散方程式への変換

ヨーロピアン・コール・オプションの価値 $C(S,t)$ に関するブラック・ショールズ方程式，初期・境界条件は次の通りである．

$$\frac{\partial C}{\partial t}+\frac{1}{2}\sigma^2 S^2\frac{\partial^2 C}{\partial S^2}+rS\frac{\partial C}{\partial S}-rC=0 \quad (6.68)$$

$$C(0,t)=0, \quad C(S,t)\to S \quad \text{as} \quad S\to\infty$$

$$C(S,T)=max(S-E,0)$$

ただし，S：原資産価格，E：行使価格，σ：ボラティリティ，
　　　　r：無リスク金利，t：現在時点，T：オプションの満期

まず，同方程式の無次元 (dimensionless) 化を行うために，各種変数について，$S=Ee^x$, $t=T-2\tau/\sigma^2$, $C=Ev(x,\tau)$ という変換を行うと，同方程式は次のように整理される（ただし，$k=2r/\sigma^2$ である）．

$$\frac{\partial v}{\partial \tau}=\frac{\partial^2 v}{\partial x^2}+(k-1)\frac{\partial v}{\partial x}-kv \quad (6.69)$$

また，初期条件は $v(x,0)=max(e^x-1,0)$ となる．

さらに，$v(x,\tau)=e^{\alpha x+\beta\tau}u(x,\tau)$ と変換して整理すると，

$$\beta u+\frac{\partial u}{\partial \tau}=\alpha^2 u+2\alpha\frac{\partial u}{\partial x}+\frac{\partial^2 u}{\partial x^2}+(k-1)\left(\alpha u+\frac{\partial u}{\partial x}\right)-ku \quad (6.70)$$

なる方程式が得られる．ここで，拡散方程式の一般形に変換するため，u および $\partial u/\partial x$ の項がキャンセルされるように α および β を決定する．その条件は，

$$\beta=\alpha^2+(k-1)\alpha-k, \quad 2\alpha+(k-1)=0$$

[*27] 偏微分方程式やその解法に関する全般は，文献1），5）を参照．

であり，これを連立方程式として解くと，

$$\alpha = -\frac{k-1}{2}, \quad \beta = -\frac{(k+1)^2}{4}$$

が得られ，結局，$u(x,\tau)$ に関する拡散方程式（およびその初期条件 $u(x,0)$）を得ることができる．

$$\frac{\partial u}{\partial \tau} = \frac{\partial^2 u}{\partial x^2} \quad (-\infty < x < \infty, \tau > 0) \tag{6.71}$$

$$v = e^{-\frac{1}{2}(k-1)x - \frac{1}{4}(k+1)^2 \tau} u(x,\tau) \tag{6.72}$$

$$u(x,0) = u_0(x) = max(e^{\frac{1}{2}(k+1)x} - e^{\frac{1}{2}(k-1)x}, 0)$$

6.B.2 解析解の導出

拡散方程式の解は，一般的に次式で与えられることがわかっている（例えば，文献1)を参照).

$$u(x,\tau) = \frac{1}{2\sqrt{\pi\tau}} \int_{-\infty}^{\infty} u_0(s) e^{-(x-s)^2/4\tau} ds \tag{6.73}$$

$x' = (s-x)/\sqrt{2\tau}$ と変換して整理すると

$$u(x,\tau) = \frac{1}{\sqrt{2\pi}} \int_{-\infty}^{\infty} u_0(x + x'\sqrt{2\tau}) e^{-x'^2/2} dx'$$

$$= \frac{1}{\sqrt{2\pi}} \int_{-x/\sqrt{2\tau}}^{\infty} e^{\frac{1}{2}(k+1)(x+x'\sqrt{2\tau})} e^{-\frac{x'^2}{2}} dx' - \frac{1}{\sqrt{2\pi}} \int_{-x/\sqrt{2\tau}}^{\infty} e^{\frac{1}{2}(k-1)(x+x'\sqrt{2\tau})} e^{-\frac{x'^2}{2}} dx'$$

$$= I_1 - I_2 \tag{6.74}$$

が得られる．

I_1 については，被積分関数を整理することによって，

$$I_1 = \frac{1}{\sqrt{2\pi}} \int_{-x/\sqrt{2\tau}}^{\infty} e^{\frac{1}{2}(k+1)(x+x'\sqrt{2\tau})} e^{-\frac{x'^2}{2}} dx'$$

$$= \frac{e^{\frac{1}{2}(k+1)x}}{\sqrt{2\pi}} \int_{-x/\sqrt{2\tau}}^{\infty} e^{\frac{1}{4}(k+1)^2} e^{-\frac{1}{2}(x' - \frac{1}{2}(k+1)\sqrt{2\tau})^2} dx'$$

$$= \frac{e^{\frac{1}{2}(k+1)x + \frac{1}{4}(k+1)^2 \tau}}{\sqrt{2\pi}} \int_{-x/\sqrt{2\tau} - \frac{1}{2}(k+1)\sqrt{2\tau}}^{\infty} e^{-\frac{1}{2}\eta^2} d\eta$$

$$= e^{\frac{1}{2}(k+1)x + \frac{1}{4}(k+1)^2 \tau} N(d) \tag{6.75}$$

ただし, $d=\dfrac{x}{\sqrt{2\tau}}+\dfrac{1}{2}(k+1)\sqrt{2\tau}$, $N(d)=\dfrac{1}{\sqrt{2\pi}}\displaystyle\int_{-\infty}^{d}e^{-s^2/2}ds$

を得る（なお, I_2 は I_1 における $(k+1)$ を $(k-1)$ に置換することにより求められる）.

以上により, u に関する解は求められたので, これまで行ってきた変数変換を逆に行うと,

$$v(x,\tau)=e^{-\frac{1}{2}(k-1)x-\frac{1}{4}(k+1)^2\tau}u(x,\tau) \tag{6.76}$$

ただし, $x=\ln\dfrac{S}{E}$, $\tau=\dfrac{\sigma^2(T-t)}{2}$, $C=Ev(x,\tau)$

結局, ヨーロピアン・コール・オプションの解析解として, 次式が求められる.

$$C=SN(d)-Ee^{-r(T-t)}N(d-\sigma\sqrt{T-t}) \tag{6.77}$$

なお, ヨーロピアン・プット・オプションの解析解 P は, コール同様に拡散方程式を解くことにより得ることができるが, より簡単にプット・コール・パリティを既知として以下のように求められる.

$$P=C-S+Ee^{-r(T-t)} \tag{6.78}$$

6.C 補論3：LU分解

LU分解（LU decomposition）は, 連立1次方程式[*28]の解法の一つである. 連立1次方程式の解法にはバリエーションがあるが, LU法は解を直接求める直接法（direct method）の一種である.

LU分解は, 特に連立1次方程式の係数で構成される行列が3重対角行列（tridiagonal matrix）である場合に効率性が高まるが, それ以外の一般型の行列にも使用できる（以下では, 3重対角行列の場合のみをとりあげる）. LU

[*28] 連立1次方程式が一義的に解けるためには, 変数の係数で構成される行列が正則である（逆行列が存在する）ことが必要となるが, ここでは行列が正則であることを前提として議論を進める.

分解のメリットは，LU分解を利用しない場合（例えばガウスの消去法 (Gaussian elimination) など）に比べてコンピュータ演算における演算回数やメモリ使用量を抑制できることである．

LU分解は，ある行列（ここでは3重対角行列 A）を，下3角行列 (lower triangular matrix) L と上3角行列 (upper triangular matrix) U の積形式で表す（$A=LU$）ことである．

$$\begin{pmatrix} a_1 & c_1 & 0 & \cdots & 0 \\ b_1 & a_2 & c_2 & & \vdots \\ 0 & b_2 & \ddots & \ddots & 0 \\ \vdots & & \ddots & \ddots & c_{n-1} \\ o & \cdots & 0 & b_{n-1} & a_n \end{pmatrix} = \begin{pmatrix} 1 & 0 & \cdots & \cdots & 0 \\ l_1 & 1 & & & \vdots \\ 0 & l_2 & 1 & & \vdots \\ \vdots & & \ddots & \ddots & 0 \\ 0 & \cdots & 0 & l_{n-1} & 1 \end{pmatrix} \begin{pmatrix} u_1 & d_1 & 0 & \cdots & 0 \\ 0 & u_2 & d_2 & & \vdots \\ \vdots & 0 & u_3 & \ddots & 0 \\ \vdots & & \ddots & \ddots & d_{n-1} \\ 0 & \cdots & \cdots & 0 & u_n \end{pmatrix}$$
(6.79)

右辺の行列の積を計算して簡単に整理すると，各行列の要素間には，$u_1=a_1$, $u_i=a_i-c_{i-1}b_{i-1}/u_{i-1}(i=2,3,\cdots,n)$ および $d_i=c_i$, $l_i=b_i/u_i(i=1,2,\cdots,n-1)$ という関係がある．

さて，連立1次方程式 $A\vec{x}=\vec{q}$ を想定する．（3重対角）行列である A が上記のように LU 分解されたとすると，

$$A\vec{x}=LU\vec{x}=\vec{q} \tag{6.80}$$

であるので，ある $\vec{x},\vec{y}$ があって，$L\vec{y}=\vec{q}$, $U\vec{x}=\vec{y}$ を満たす．したがって，上記連立1次方程式を解くには，$L\vec{y}=\vec{q}$ を $\vec{y}$ について計算し，さらに $U\vec{x}=\vec{y}$ を $\vec{x}$ について計算すればよいことになる．

具体的には，$y_1=q_1$, $y_i=q_i-b_{i-1}y_{i-1}/u_{i-1}(i=2,3,\cdots,n)$ を用いて，y_1 から順に $\vec{y}$ の各項を求める（この手続きを前進代入 (forward substitution) という）．

次に，$x_n=y_n/u_n$, $x_i=(y_i-c_ix_{i+1})/u_i(i=1,\cdots,n-1)$ という関係があることを用いて，x_n から順に $\vec{x}$ の各項を求める（この手続きを後進代入 (backward substitution) という）．

6.D 補論4：SOR法
(successive over-relaxation method（逐次過緩和法）)

　連立1次方程式の解法には，補論3で解説したLU分解のように直接解を求める直接法（direct method）と適当な初期値から出発し反復計算により解の近似値を求める反復法（iterative method）がある．
　このうち反復法には，ヤコビ法，ガウス・ザイデル法，SOR法などのバリエーションがあるが，ここで解説するSOR法はヤコビ法，ガウス・ザイデル法を一般化した手法である[*29]．
　まず，n次元連立1次方程式を

$$\begin{pmatrix} a_{11} & a_{12} & & a_{1n} \\ a_{21} & a_{22} & & \vdots \\ \vdots & & \ddots & \\ a_{n1} & \cdots & & a_{nn} \end{pmatrix} \begin{pmatrix} x_1 \\ \vdots \\ \\ x_n \end{pmatrix} = \begin{pmatrix} b_1 \\ \vdots \\ \\ b_n \end{pmatrix} \quad (6.81)$$

とおき，k回目の反復計算によって得られた近似解を $\vec{x}^k = (x_1^k, \cdots, x_n^k)^t$ とする．$(k+1)$回目の反復計算は，

$$y_i^{k+1} = \frac{1}{a_{ii}} \left(b_i - \sum_{j=1}^{i-1} a_{ij} x_j^{k+1} - \sum_{j=i+1}^{n} a_{ij} x_i^k \right) \quad (6.82)$$

として，x_i^{k+1} を

$$x_i^{k+1} = x_i^k + \omega(y_i^{k+1} - x_i^k) \quad (6.83)$$

により求めるという手続きをとる（ただし，ωは加速パラメータ（acceleration parameter）などと呼ばれる定数で，近似が収束するためには$0<\omega<2$の範囲をとらなければならないことが知られている．なお，$\omega=1$の場合がガウス・ザイデル法である）．
　SOR法のポイントは，次の2点である．

[*29] 反復法による解法において，解が収束するためには一定の条件がある（詳細は，文献5)などを参照）が，ここではその条件が満たされていることを前提とする．

① まず，$(k+1)$ 回目の反復計算を行う際に，k 回目の反復計算によって得られた近似解 $\vec{x}^k=(x_1^k,\cdots,x_n^k)^t$ だけではなく，それまでに計算が済んでいる値 (x_j^{k+1}) も使用する．

② x_i の k 回目の反復値から $(k+1)$ 回目の反復値の計算に当たって，変化量（ここでは $(y_i^{k+1}-x_i^k)$）を ω により"加速"して[*30]加える．

実際の数値計算では，無限回の反復計算を行うことはできないので，下のような停止条件（ε（十分小さな定数））を設定し，例えば，

$$\sum_{j=1}^n (x_j^{k+1}-x_j^k)^2 < \varepsilon \tag{6.84}$$

のような条件が満たされた場合に $\vec{x}^k$ を連立1次方程式の解であるとする．

参考：拡張された SOR 法 (projected SOR method)

本章のアメリカン・プット・オプションの価格計算では，拡張された SOR 法を用いている．この手法は，一般の SOR 法における反復計算において，

$$\vec{x}^k \geq \vec{c} \tag{6.85}$$

という条件を満たすために，SOR 法のような単純な加算ではなく，

$$x_i^{k+1} = max(c_i, x_i^k + \omega(y_i^{k+1}-x_i^k)) \tag{6.86}$$

という比較計算を行っている．

参 考 文 献

1) 及川正行：偏微分方程式．岩波書店，1997．
2) 木島正明：ファイナンス工学入門 第Ⅰ部——ランダムウォークとブラウン運動．日科技連出版社，1994．
3) 高橋大輔：数値計算．岩波書店，1996．
4) 田畑吉雄：数理ファイナンス論．牧野書店，1993．
5) 福田礼次郎：フーリエ解析．岩波書店，1996．
6) 森　正武：数値解析．共立出版，1973．

[*30] 連立1次方程式が一定の条件を満たすとき，収束スピードを最大化する最適な ω が存在する（このときガウス・ザイデル法よりも早く収束する）．

参　考　文　献

7) Duffie, D. : Dynamic asset pricing theory. Princeton University Press, 1996.
8) Hull, J. : Options, futures, and other derivative securities, 3 rd edition. Prentice Hall, 1997.
9) Hull, J. and A. White : Valuing derivative securities using the explicit finite difference method. *Journal of Financial and Quantitative Analysis* **25**, pp. 87-100, 1990.
10) Wilmott, P., J. Dewynne and S. Howison : Option pricing : mathematical models and computation. Oxford Financial Press, 1993.

索　引

欧　文

BIS 自己資本比率　2
Box-Muller 法　104
EaR 法　74
Libor スプレッド　10
LU 分解　142, 163
MTM 方式　41
Sobol sequence　112
SOR 法　157, 165
Tier I　6
Tier II　6
VaR 法　74

ア　行

アベレージ・オプション　102
アメリカン・オプション　139
アメリカン・コール　151
アメリカン・プット　151

一様性　103
一様乱数　103
伊藤の補題　160
イン・ザ・マネー　11
陰的有限差分法　141

エイジアン・オプション　118
エキゾチック・オプション　113

オプション・アプローチ　10
オプション商品　93, 101

カ　行

回収率　39
拡散方程式　137
拡張コンセントレーション・ファクター　59
加重サンプリング法　110
加速パラメータ　165
株価変動リスク　10
株式償却　3
株式持合い　3
感応度　16
ガンマ　93

期限前行使　151
疑似乱数　103
期待損失額　39, 40
期待倒産確率　10
既約　123
逆関数法　104
境界条件　137
均一なポートフォリオ　58
銀行勘定　74
金利リスク　74

クランク・ニコルソン法　142
グリーク・レター法　93
グリッド　138

経済的自己資本　40
経路依存型オプション　118
限界デフォルト率　33

索　引

原価法　3
原始多項式　123

格子比率　140
後進代入　164
構造モデル　48
コンセントレーション・ファクター　59

サ　行

最大損失額　40
差分方程式　138
3項格子モデル　145
3重対角行列　163

θ法　143
時価会計　1
時価評価　1
シナリオ分析法　94
ジャロウ・ランド・ターンブル・モデル　42
自由境界問題　155
主成分分析　84
10進法　124
準乱数　111
初期条件　138
信用格付制度　38
信用リスク　10

スピード　93

制御変量法　109
正規乱数　104
政策保有株式　1
制度金利連動商品　74
線形合同法　103
線形相補形式　155
前進代入　164

層別サンプリング法　109
損失額の分布　40
損失額分布の標準偏差　57

タ　行

対称変量法　109

逐次過緩和法　157
直接法　163

低価法　6
デフォルト事象の相関係数　50
デフォルト・モード方式　41
デュレーション法　75
デルタ　16, 93
デルタ＋ガンマ法　93

ナ　行

内部格付　38
内部格付制度　38

2進法　123

ハ　行

排他的論理和　123
バーゼル銀行監督委員会　40
バリュー・アット・リスク　3
反復法　165

非線形リスク　93
ビット　123

含み益　1
プット・オプション　4
ブラック・ショールズ方程式　137
フーリエ変換　143
プリペイメント商品　74
分散減少法　109

ペイオフ条件　137
ベガ　16
ベーシス・ポイント・バリュー法　76
ベルヌーイ乱数　55

マ行

マチュリティ・ラダー法　75
マルコフ連鎖モデル　42

モンテカルロ・シミュレーション　54
モンテカルロ法　101
　――の精度　108

ヤ行

有限差分法　136
誘導型モデル　48

陽的有限差分法　140
ヨーロピアン・オプション　102
予期しない損失額　40

与信の分散・集中　58

ラ行

乱数　101
ランダム性　103

リスクアセット　8
リスク管理　1
リスク中立確率　42
リスク中立測度　106
リスク評価期間　58

累積デフォルト率　33
ルックバック・オプション　102

ロングスタッフとシュワルツのモデル　48

著者略歴

家田　明（いえだ あきら）

1963 年　山形県に生まれる
1986 年　東京大学理学部物理学科卒業
1988 年　東京大学大学院理学系研究科修士課程修了
現　在　日本銀行金融研究所調査役
　　　　物理学修士

ファイナンス・ライブラリー 3
リスク計量とプライシング　　　　定価はカバーに表示

2001 年 6 月 25 日　初版第 1 刷
2011 年 1 月 25 日　　　第 2 刷

著　者　家　田　　　明
発行者　朝　倉　邦　造
発行所　株式会社　朝倉書店
　　　　東京都新宿区新小川町 6-29
　　　　郵便番号　162-8707
　　　　電　話　03(3260)0141
　　　　Ｆ Ａ Ｘ　03(3260)0180
　　　　http://www.asakura.co.jp

〈検印省略〉

© 2001　〈無断複写・転載を禁ず〉　　　　シナノ・渡辺製本

ISBN 978-4-254-29533-7　C 3350　　Printed in Japan

好評の事典・辞典・ハンドブック

数学オリンピック事典	野口 廣 監修	B5判 864頁
コンピュータ代数ハンドブック	山本 慎ほか 訳	A5判 1040頁
和算の事典	山司勝則ほか 編	A5判 544頁
朝倉 数学ハンドブック［基礎編］	飯高 茂ほか 編	A5判 816頁
数学定数事典	一松 信 監訳	A5判 608頁
素数全書	和田秀男 監訳	A5判 640頁
数論＜未解決問題＞の事典	金光 滋 訳	A5判 448頁
数理統計学ハンドブック	豊田秀樹 監訳	A5判 784頁
統計データ科学事典	杉山高一ほか 編	B5判 788頁
統計分布ハンドブック（増補版）	蓑谷千凰彦 著	A5判 864頁
複雑系の事典	複雑系の事典編集委員会 編	A5判 448頁
医学統計学ハンドブック	宮原英夫ほか 編	A5判 720頁
応用数理計画ハンドブック	久保幹雄ほか 編	A5判 1376頁
医学統計学の事典	丹後俊郎ほか 編	A5判 472頁
現代物理数学ハンドブック	新井朝雄 著	A5判 736頁
図説ウェーブレット変換ハンドブック	新 誠一ほか 監訳	A5判 408頁
生産管理の事典	圓川隆夫ほか 編	B5判 752頁
サプライ・チェイン最適化ハンドブック	久保幹雄 著	B5判 520頁
計量経済学ハンドブック	蓑谷千凰彦ほか 編	A5判 1048頁
金融工学事典	木島正明ほか 編	A5判 1028頁
応用計量経済学ハンドブック	蓑谷千凰彦ほか 編	A5判 672頁

価格・概要等は小社ホームページをご覧ください．